ふやすミニマリスト

所持品ゼロから、1日1つだけモノをふやす生活

藤岡みなみ

幻冬舎文庫

ふやすミニマリスト

所持品ゼロから、1日1つだけモノをふやす生活

はじめに

この本は、片付けの極意を伝授する本でも、ミニマリストになることを勧める本でもありません。たとえるなら、無人島で暮らして人間らしさを取り戻した100日間の記録、みたいなものです。いえ、無人島には行っていません。むしろずっと家にいました。

ずっと家にいながらにして、サバイバルな挑戦。所持品ほぼゼロでスタートし、1日1つだけ道具を取り出せるというルールで100日間生活してみました。きっかけは、『100日間のシンプルライフ』（配給：トランスフォーマー、フラッグ）という映画についてのコメント依頼をいただいたことです。

私は普段、主に文筆家やラジオパーソナリティ、ドキュメンタリー映画のプロデューサーとして活動していて、たまに映画や本の感想や紹介文を求められることがあります。『100日間のシンプルライフ』は、同じく所持品ゼロから道具を取り出しながら暮らすドキュメンタリー映画『365日のシンプルライフ』をドラマ化したもの。ふたりの主人公がこの生活に挑戦し、どちらがより長く続けられるかを競い合うストーリーになっていました。

そう、道具が増えていくにつれてどんどん楽になるのかと思いきや、この挑戦は対決になり得るほど結構ハードな持久戦でもある。にもかかわらず、私が映画を観て抱いた感想は「やってみたい！」というものでした。コメントを依頼されただけなのに。わりとやってみたがりな性格で、思い立ってスプーン曲げの練習ビデオを買って特訓したり、縄文時代に感銘を受けて土器を作ってみたり、スーパーに売っていない野菜を種から育てたりすることもあります。

もともと私の家はシンプルライフにはほど遠い状態でした。おたまだけで8つも持っているし、10年前のもう着ない服も捨てられないし、くだらないものであればあるほど集めたくなる性格で、変なお面だけをしまってある引き出しがあります。冷静に考えると、そんな私が、モノのない暮らしに耐えられるとは思えませんでした。

チャレンジを始めたのは2020年の夏の終わり。新型コロナの影響で仕事はほとんどリモートに切り替わり、大好きな旅行も簡単にはできなくなっていました。閉塞感を感じることも多い日々。刺激を求めて外に出ていけない代わりに、関心事の矢印を家の中や自分の内面に向かわせるのもいいなと考えました。結果的に、その直感は正しかったと思っています。100日間のシンプルライフのチャレンジは、まさに内なる冒険といえる体験だったのです。

映画では、家じゅうのすべての道具を倉庫に預けて毎日取りに行くというシステムでしたが、私の場合は自宅とは別に新しく家を借りて挑戦しています。また、インターネットでリアルタイムで報告していく都合や、家族の他のメンバーへの影響を最小限にすることを考慮した結果、本当の所持品ゼロ――例えば裸でスタートすることは現実的ではないと思い、下着や最初の服、コンタクトレンズ、その他マスクや消毒液などは初期装備としてノーカウントにしました。

これでかなりハードルが下がるのですが、それでも布団や包丁など基本的な道具のない生活は困難の連続で、人生をリセットしてレベル0からやり直しているような強烈な新鮮さがありました。

〈ルール〉

●自宅から1日1つだけモノを取り出せる

●食料の購入はOK（調味料は毎回カウントする）

●電気・ガス・水道のライフラインは完備

●最低限必要な初期装備を設定

●期間は100日間

日常で当たり前のように感じていたことが覆《くつがえ》される場面もあれば、なぜこのことに気づかずに生きていたんだろうと思うこともあり、生まれて初めて「暮らす」ってどんなことなのか本気で考えました。それは、ただ生き延びるということとは違うものでした。

例えば……
・冷蔵庫ってタイムマシンだった
・まだ必需品がそろっていないのに、9日目に本がほしくなった
・意外に要らなかったものは、炊飯器や財布
・洗濯機で最も重要な機能は、「汚れの洗浄」よりも「脱水」だと思った
・何もない部屋で過ごすと1時間が4時間くらいに感じる
失われていた感性が蘇《よみがえ》り、時間が本来の流れ方に戻っていった100日間の旅でした。

第1部は、1日目から100日目まで毎日どんなものを選んだのか、またどのように感じて過ごしていたかの記録です。第2部では、100日間を通して気づいた100個のことについてまとめました。

なかなか気軽に「ぜひ皆さんもやってみて下さい！」とは言えませんが、この本を通して暮らしを再発見していく感覚を一緒に味わってもらえたら嬉しいです。

CONTENTS

第1部 100日間シンプルライフの記録

──1日1つずつ、実際に持ち込んでいった100のアイテム

第2部　100日間を通して発見したこと100個

――「減らす」のではなく、「1つずつ増やす」からこそ気づいた、「モノ」の意外な価値や暮らしの理想

本文デザイン
望月昭秀+片桐凜子(NILSON)

本文イラスト
葉月

第 1 部

100日間シンプルライフの記録

——1日1つずつ、実際に持ち込んでいった100のアイテム

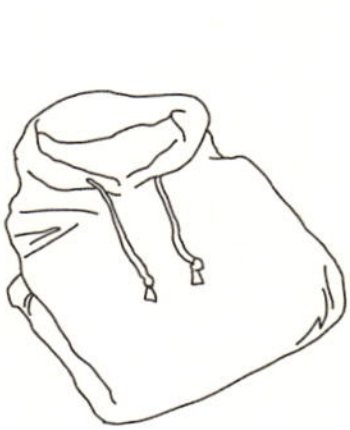

1日目……敷布団

ついにこの日がやってきた。やろう、と決めた時は軽い気持ちだったけれど、実際にチャレンジのために用意した新しい部屋に移動してみると、その何もなさに怖気付《おじけづ》いた。本当に何もないじゃん。こんなところで暮らせるのか。思わずこぼれた「えっ、どうしよう」という言葉が部屋中に反響する。

1日目には敷布団を選ぶことにした。ある意味、私の人生で一番大切なものは敷布団なのだとわかった瞬間だ。床にじかに座り続けると半日でおしりが死ぬ。このまま夜が来たら絶対に睡眠が休息にならないと思った。

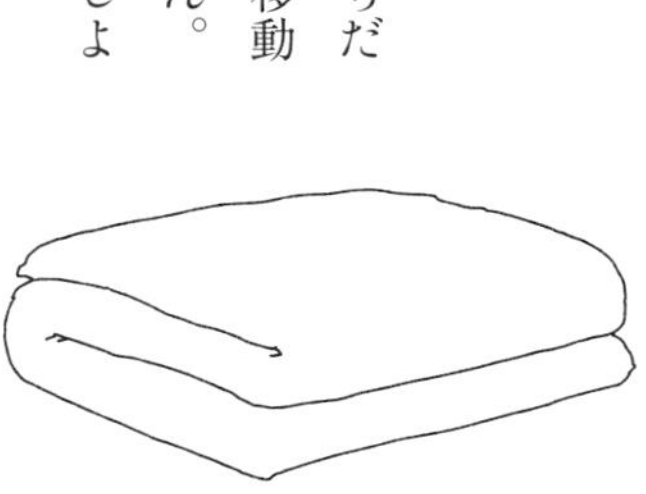

敷布団は折り畳《たた》むとソファにもなる。何もない部屋に敷布団。なんだか独房感がすごいけれど結果的には大満足のチョイスだった。これで、座ったり眠ったりすることがちゃんと休養になる。

しかし仕事や家事を終えて自由時間になってもすることがない。時計がないので今何時なのかということがずっと気になる。そういう修行をする寺に来たみたいだ。

1日目はほしいものが多すぎた。何をするにも道具が要る。特にいろんな用途を兼ねていたスマホがないと手持ち無沙汰《ぶさた》の極み。スマホ、ほしすぎる。でもすぐにスマホを手に入れたらこの修行の真骨頂《しんこっちょう》が見えてこない気もする。モノがない自分は空っぽだな、と感じる。

2日目……歯ブラシ

もしここが無人島だったら、ふたつ目のアイテムに歯ブラ

シは選ばなかったかもしれない。でも無人島じゃなくて社会に生きているし、歯ブラシがないと口の中だけじゃなくて気分もモヤモヤする。歯を磨かないで生活する自分を許せない。

1日ぶりに歯ブラシを手に入れてみたら、歯磨きタイムのテンションの上がり方がすごかった。「私は！　今から！　歯を磨くという権利を！　行使する！」と鼻息荒く洗面台に向かう。ご飯を食べた後「もしかして⁉　歯磨きチャーンス！　キラリーン！」と毎回なる。

3日目……白いスニーカー

今日は絶対タオルがほしかったけれど、朝起きるやいなや家族から「大きい公園に行こう！」と言われたため、やむを得ずスニーカーを選択。まあ遅かれ早かれ必要だったものだ。白いスニー

カーはどんな服とでも相性60点以上は保証してくれる。

大きい公園に行ったらどんぐりをどんどん持たされた。所持品はほぼないけれど、どんぐりならいっぱい持っている状態だ。3日目にして縄文人になった。公園に行けたのは靴《くつ》を手に入れたからだ。靴がないと世界が家だけになる。

しかしタオルがないのがずっとつらい。お風呂上がり、ジャンプして水を切ったり、犬みたいにぶるぶるーっとやったりしている。髪が短いのが救いだけれど、どんなに絞っても何滴《てき》か背中にツーっと垂れて気持ち悪い。あと洗顔後すぐに顔を拭《ふ》けないとみじめな気分になる。顔が濡《ぬ》れて力が出ない。とはいえ今は9月中旬。比較的すぐ乾く季節でよかった。

スマホも娯楽もない部屋にいると、1時間くらいで悟りが開けそうになってくる。寝るしかない。

4日目……バスタオル

顔が、髪が、身体が、拭ける！　拭ける喜び‼　念願のタオル。念願すぎて、普段はお風呂上がりもフェイスタオル派だったのに勢い余ってバスタオルにしてしまった。でもこれは畳めば枕、寒い時にはブランケットになるから最高なのだ。

枕、本当はほしかったんだよなあ。初日は枕がなくてもいけるなと思っていたけれど、夜中に無意識に枕を探している自分に気づいた。

最近肌寒くなってきたのでちょっとかけるものがあるのは嬉しい。頭から被った時の安心感にも注目したい。人間

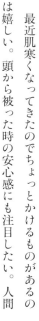

にはきっと、「なんらかの布に包まれたい」という生理的な欲求がある。

5日目……パーカーワンピース

タオルをかけて寝たものの夜中は寒かったので、明日は絶対にもう少しあたたかい服が必要だと思った。

今年の初め頃、ユニクロで買ったくすみピンクのパーカーワンピース。気に入っている。フードもポケットもついているなんて今思えば機能的すぎる。両側にポケットがついているということは、もう小さい鞄《かばん》をひとつゲットしたのと同じだ。今の私にはもったいないぐらい。入れるもの持ってないし。あるとしたらどんぐり。そしてやっぱりワンピースは1枚で完結するから嬉しい。

でも、洗濯で問題が出てくる。パーカーワンピはわりとゴツいので水気を絞るのも大

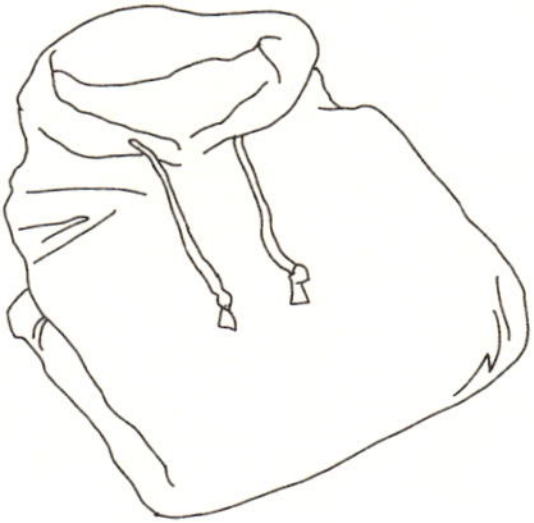

変だし乾きづらそうだ。初期装備のTシャツワンピを手洗いして干す（浴室乾燥機は家の付属品だからセーフだと思っている）時も、ちょっとしわしわになって困っていた。私の技術のなさもあるけれど、これは手洗いを続けると傷むんじゃないかなって感じがする。近い将来、洗濯機を選ぶ必要があるだろう。

6日目……MacBook

「リモート親戚《しんせき》のつどい」があったためパソコンを解禁。でもそろそろ一旦この日々を記録したかったところだし、ちょうどよかった。

「リモート親戚のつどい」とは、毎年お盆に祖父母の家に集まっていたけれど、今年は難しいねえということから開発された「リモートお盆」の続編である。楽しかったから月イチくらいにしよう、となった。人が集

まりにくいコロナ禍、インターネットがあって本当によかった。

パソコンをゲットしたら俄然《がぜん》、机がほしくなった。モノはモノを呼ぶ。もともとパソコンでスマホみたいにだらだらとネットサーフィンをする習慣はなかったから、これからも上手な付き合い方ができると信じたい。もう少しスマホなしで無の感じ、心静かな感じを味わっていたい。

7日目……爪切り

深夜のまぬけな事故だった。枕はなくてもいけるなあ、なんて余裕ぶっていたけれど、夜ふと目覚めた時、無意識のうちに手探りで枕を探している。頭上で手を振り回した後、あっそうだシンプルライフだった、と気づいてまた頭を平らにして眠る。

そんな動作を何度か繰り返しているうちについに手が壁に激突。親指の爪がちょっと

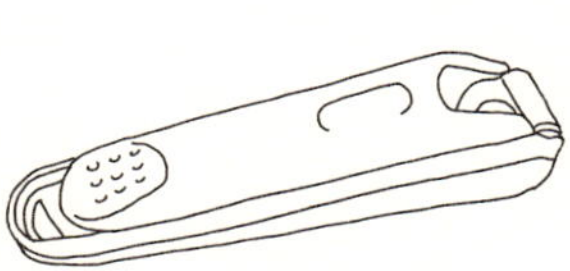

割れた。見た目は非常に地味、でも当人にとっては無視できない、嫌～な感じの痛み。
穂村弘さんの、

「髪の毛がいっぽん口に飛び込んだだけで世界はこんなにも嫌」

（※出典：穂村弘『ぼくの短歌ノート』〈講談社〉）

という短歌を思い出す。爪が割れるとか靴擦《くつず》れするとかそういう小さなことでいとも簡単に絶望して、そんなことで絶望する自分にまた絶望する。
まだ日付が変わって間もないのに今日のアイテムは爪切り、と決まってしまった。ぐぬぬ……いろんなことができるスマホも1と数えるのに、爪切りなんかで1……。悔しい気がしたけれど、10日に1回切るとしたら100日で10回も使うのか。足も合わせたら20回。20回はすごい。手と足をばらばらに数える必要があるのかはわからない。

8日目……毛布

えっ、急に寒いじゃん。秋なめてた。不可抗力で毛布。昨日に続き、必要に駆られてアイテムを取り出すことになってしまった。

でも毛布はいい。あたたかいし手触りはとぅるとぅるだし、1枚あると心が落ち着く。しかもこれは洗濯機で丸洗いできるやつ。洗濯機はまだないけれど。

100日間で100アイテムしか手に入れられないということは、こんなふうに不可欠なものをぎりぎり取り出していくだけで精一杯なのではないかと不安になった。

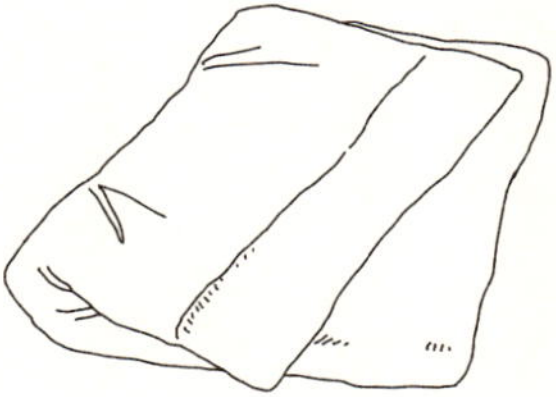

9日目……本『読書の日記』

阿久津隆『読書の日記』〈NUMABOOKS〉。

やった。いいのかな、と思いつつやってやった。鍋もシャンプーも洗濯機もないけれど、本をゲットした。爪が折れたから爪切り、寒すぎるから毛布と、自由に選べない日が2日間続いた反動もある。100アイテムという上限がある以上、そう何冊も取り出せないなと思ったのでとにかく分厚い本にした。1100ページ、枕にもなる厚さ。しないけど。この状況で、改めて自分にとって読書とはどんなものかということも考えたい。

本がないと落ち着かないとは思っていたけれど、実際この生活で初めて本を手に入れた時の喜びは期待をはるかに上回るものだった。ちょっとびっくりした。

日中、2歳の子どもと過ごす時。例えば彼が65ピースのパズルに集中した瞬間とか、

全部のトミカを裏返しに並べている間、本を開く。最高だ。心の窓を開けて、そこからいい風が入ってくるような心地。1日中向き合いすぎるとお互い疲れちゃうから、たまに一息つけるとちょうどいい。ほんの5分でも楽になる。スマホ・テレビのない夜の膨大なフリータイムも、これで無の修行ではなくなった。

10日目……全身シャンプー

やっと水浴びを卒業できる。シャンプー、ボディソープ、フェイスソープの3役をも担ってくれる優秀なアイテムだ。100日生活において少なくとも3日分の価値があるといっていい。本当にありがとう。いざとなればコンディショナーもドライヤーもなくてもなんとかなるから、ショートヘアはやめられない。

お風呂上がり、水浴び時代とは違って「私は今ピカピカです！」という感覚がはっき

りとある。泡で洗えて嬉しい。洗うということは、自分を大切にする毎日の儀式みたいなものなんだ。

11日目……洗濯機

手洗いでなんとかやりすごしていたけれど、パーカーとか厚手のものは何より水気を絞るのが大変だった。

洗濯機って洗う能力もさながら、脱水力が優れているなあと実感した。乾燥を終えて仕上がった洗濯物はホッカホカで、取り出す度に愛を感じる。私、洗濯機に愛されてる。汚れた服が祝福された服に生まれ変わる感じがして幸せだ。

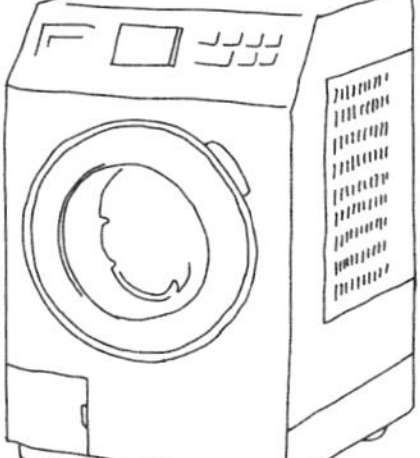

この生活を始めてから、何かにつけて幸せだなあと思うことが増えた。それは「当たり前のことに感謝しよう」みたいな標語にありそうな感覚とはちょっと違っていて、こ

うあるべき、なんて思わなくても毎日が新しい喜びに満ちている。

生きる、暮らす、ということが上滑りしていない。とはいえ、まだ最低限のものもそろっていないので、だんぜん不便さが勝っている。本当はめちゃくちゃスマホがほしい(煩悩)。

12日目……鍋

ついに台所に到達。普段なら、食事を出来合いのもので済ますのは楽ちんで最高だけど、10日を過ぎるとむしろ料理がしたくなってくる。料理をしないと、どこか仮暮らし的な、地に足のつかなさを感じる。

宮崎製作所「ジオ・プロダクト」シリーズのステンレス片手鍋。これでスープを作ると、野菜のうまみがこの銀色の聖域から一歩も逃げ出さないという感じがする。

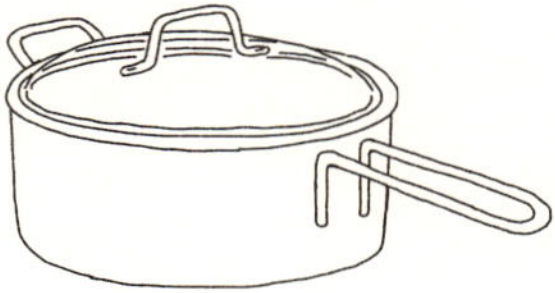

鍋がひとつあればご飯もおいしく炊ける。早速炊いた。久しぶりの自炊で、湯気がいい匂いすぎて腰を抜かしそうになった。

「よおーし、いただきます」と勢いよく食べ始めようとしたら、しゃもじも箸《はし》もなかった。そうだった。食べるのにもおかずを作るのにも箸が必要だ。少し冷めるのを待って、おにぎりにしてわんぱくに食べた。

13日目……お箸

鍋を手に入れたはいいが「うわっ箸がない」とショックを受けたので、翌日に早速調達した。

調理にも食事にも使える。思えば、これまで箸という道具のよさについてしみじみ考えたことがなかった。空気、とか、重力、ぐらい当たり前の存在だった。

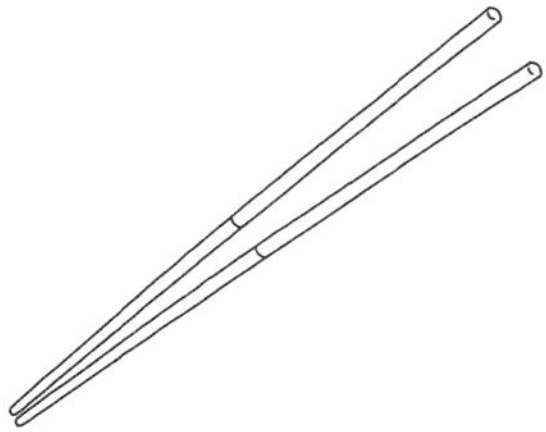

箸があれば、触れないくらい熱いものに今すぐアクセスできる。つまんだり混ぜたり、細やかな動作ができる。

昨日苦労して手でやっていたことを、今日は箸でやる。恐ろしく便利。人類として一歩進化した。

14日目……包丁

やっぱり包丁がないと、料理をしている感じがしない。ひとつひとつ確実にキッチンを攻めていく。しかし包丁があってもまな板がないと始まらないことに気づく。

せっかく包丁を手に入れたんだからなんか使いたい、と思い台所に立って宙でりんごの皮をむいた。うーん。りんごはいざとなったら皮ごとかじれるから感動が薄いな。皮が途切れないように集中して作業していると、ひらめきがやってきた。

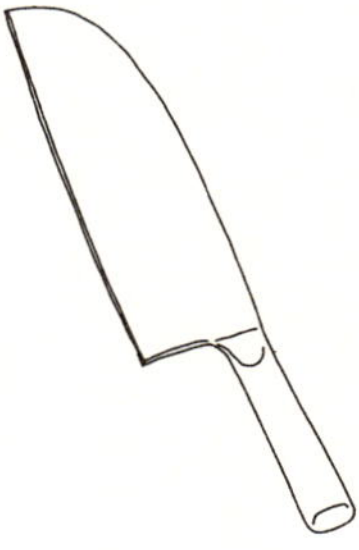

牛乳パックを開いてまな板にしよう。十分使える。焼くと油が出るし塩いらずなベーコンを切ろう。

不便さは工夫を生む。工夫こそが人間のエネルギーの結晶なのだとしたら、便利な生活にはその輝きを放つ機会が少ないということになる。不便だと毎日が新鮮でいいな。

そう思いながら、サバ味噌缶でトマトチーズ煮込みを作った。少ない道具で料理っぽいことができたので満足だ。これからしばらくは、調味料を使わなくてもできる料理を考える必要がある。

というか普通にお皿もほしい。不便さが……工夫が……結晶が……とかそんなこと、お腹が空いている今はどうでもいいので、普通にお皿がほしいと思った。

あと、鍋がひとつしかないから、こんなに白米に合いそうなおかずなのに同時に食べられなかった。時間差で米を炊き、サバ味噌チーズの記憶でご飯を食べた。

15日目……冷蔵庫

徐々に料理ができるようになってきて、食材を保存する必要に迫られた。洗濯機に続く大物の登場だ。キッチンの大御所、冷蔵庫。あれれ、なんだかすごく特別な日みたい。ケーキ食べて祝いたい。少なくとも平日とは思えない。

これで、買ってきたアイスを溶ける前に急いで食べなくてもいい。消費期限が当日のお肉を冷凍庫に入れて延命することもできるようになった。

とにかく、未来の自分のためにやってあげられることが増えた。ひとつの家電で生活時間のスケール感が一気に広がった。もう、その日暮らしじゃない。そうか、冷蔵庫はタイムマシンだったのか。まだ持ち物は20個もないけれど、ちょっと無敵の気分。

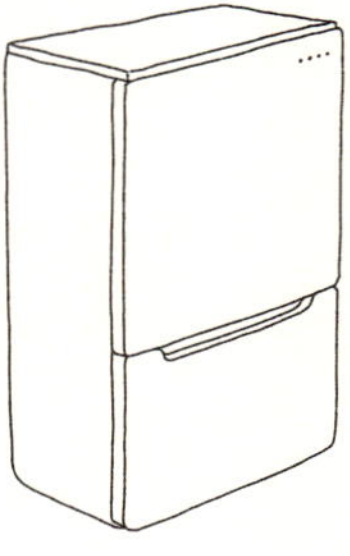

16日目……パソコンの電源ケーブル

2020年春以降、外で人と会う仕事や出張がほぼなくなって、家で原稿を書いたり作業をしたりする時間が増えた。完全にパソコンが相棒。パソコンの電源は、ある意味で仕事や創作の電源のようなものかもしれない。スマホだったりデジタルなものとは少し距離を置いても、創作意欲の電源はオンでいたい。

シンプルライフに挑戦し始めてから、集中力が高まっている。作業環境が整った。やる気のバッテリーがフルの時、パソコンのバッテリーが先に切れちゃうなんてもったいない。

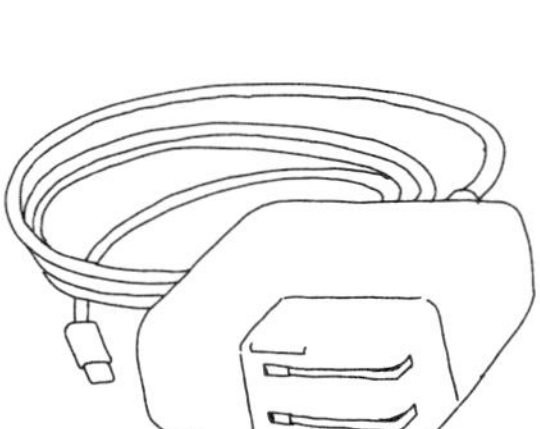

17日目……CCクリーム

ずっとすっぴんでいる心地よさも知った。だけどリモート会議も多いし、顔色をなんとかしたい。

化粧品をまずひとつ手に入れるなら、全体的なくすみを隠してくれるCCクリームがいい。顔全体が明るくなって、顔に電気がついたみたいだ。

この生活を始める直前まで、メイクには人並みにこだわりがあった。パウダーやハイライトやアイライン、そんないろいろを施す前の自分の顔はひどく不安定に見えた。でもなんだか最近は、ちょっと顔が変わった気がしている。自分にだけわかる違いかもしれないけれど。精神的な調子のよさが顔にも出ているのかなあ。

18日目……平皿

おかずの味を思い出しながら時間差で白米を食べる生活をやめにしたかった。平皿ならワンプレートに盛り付けられる。鍋があり、包丁があり、箸があり、皿があって初めて、最低限の料理ができるようになった。

5年くらい前に大切な友人からもらった一番気に入っているお皿を取り出した。1日1つしか選べないから、好きじゃないものを生活に招き入れる余地がない。結果的に一番気に入っているものから手に取ることになり、毎日嬉しい。

今まで自分の所有物ひとつひとつに対して「これはあの時こんな気持ちで手に入れたもので……いいところは……」という愛着を抱けていただろうか。8つもあったおたますべてにそんな気持ちを抱けていたわけがない。大切なものほど壊さないよう、汚れな

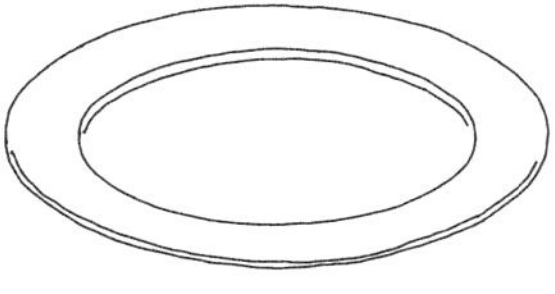

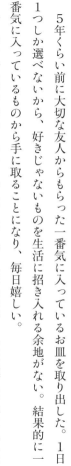

いように戸棚の奥にしまい込み、どうなってもいい〝好き度60点〟くらいのアイテムを常用しながら生きていた。

19日目……掃除機

生きていると、どうしたって汚れる。調理器具の前に掃除用具を手に入れたい人も多いだろう。でも私はまず何かを作ることのほうに重きを置いてしまう性格なので、こういう順番になった。

以前何かの雑誌のインタビューで、お片付けの専門家の方が「床にモノを置くくらいなら死んだほうがマシ」と言っているのを目にしたことがある。太文字で、大きい見出しになっていた。「じゃあ私もう死んでるじゃん」と思った。

でも今なら少しわかる（死んだほうがマシ、の部分は相変わらずわからない）。何も

ない部屋の掃除は1分で終わるのだ。ずぼらな私はこれまで床にモノを置きまくっていたが、ずぼらな私だからこそ何も置かないほうが身のためだった。

20日目……イヤホン

秋の風があまりに心地よくて、今すぐこれを吸い込みながらイヤホンで音楽を聴かないといけない、という衝動に駆られた。それは他のどんな生活必需品より必需な欲求だった。

音楽は自分にとって欠かせないものだけど、この生活を始めてからしっかり音楽を聴くのは久々だ。ＡｉｒＰｏｄｓ Ｐｒｏはノイズキャンセリング効果で音への没入感がすごい。久しぶりだからより響くのだろうか。

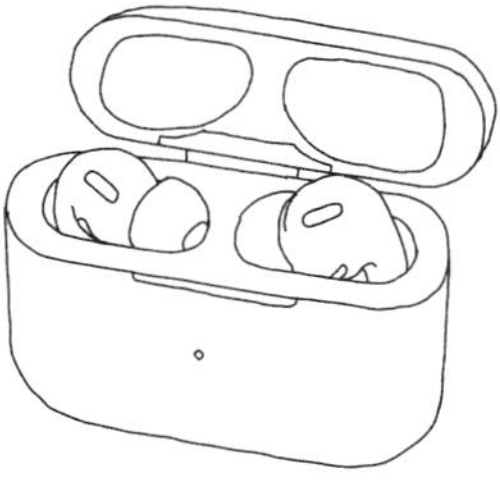

音楽は自分に欠かせないものと言いつつも、思えばこれまで圧倒的に「ながら聴き」の時間が多かった。仕事をしながら、家事をしながら、散歩しながら、音楽を聴く。本

当の意味で音楽を聴くことのみに集中しているのは、ライブを観に行った時だけ。そのライブにもこの1年ほど行けていない。ライブハウスや劇場は、音楽や作品にだけ集中できる最高の施設だとつくづく思う。集中という贅沢《ぜいたく》。マルチタスクに慣れすぎている現代人には、あの聖なる空間が必要なのだ。

受験生だった中学3年生の時、勉強のご褒美《ほうび》を音楽にしていたのを思い出した。30分集中したら1曲聴いていい、とか、このドリルが終わったらアルバム1枚聴いていい、とか。自分で決めたゴールに到達すると、ベランダに出てMDプレーヤーでうっとりと音楽を聴いた。

シンプルライフで久々にイヤホンを手に入れたら、あの時の感じが蘇《よみがえ》った。イントロから胸がはずんで、たまらなくなるあの感じ。耳から入ってきたメロディがみぞおちや指先まで満ちていく心地。15歳の耳に戻れるなんて、シンプルライフの効能はすごい。

21日目……食器用洗剤

調味料を使わずに料理しているといっても、洗剤なしに鍋や皿を洗うのは至難の技だった。食器用洗剤を手に入れたことで、いくら洗っても完全に洗えてないようなモヤモヤ感とおさらばできた。このモヤモヤは心にもくるやつだったので早めに解消できてよかった。水だと汚れが落ちにくいから洗う前に拭き取る習慣がついたけれど、そのほうがほんの少しエコだから続けたい。

また爪を切った。7日目に爪切りを手に入れて切って以来、14日ぶりということになる。これまでいちいち数えたことがなかったから「爪は伸びるもの」と漠然と理解していたけれど、今さら「爪って本当に伸びる」と初めて知った気分になった。生きてる。

22日目……化粧水

本当は1日目からほしかったやつ。頼む！　20日分しみ込んでくれ!!（無茶）

私がもう少し敏感な肌だったら、取り出すのは2日目とかになっていただろう。幸い鈍感な肌だったため、他の必需品を優先してぎりぎり持ちこたえたという形だ。いや、ルーペで拡大したら、実は莫大なダメージをくらっているかもしれない。

いやはや、これは体を張った挑戦である。顔を洗った後に化粧水をつけるのは長年の習慣なので、これでようやく顔を洗うという行為が完成した。

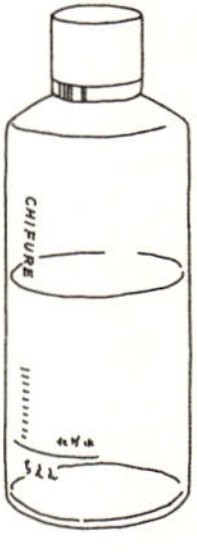

23日目……防寒レギンス　もちはだ

寒すぎた。去年の冬に出会った「もちはだ」のあったかインナーを取り出す。しっかりした裏起毛で釣り人やバイク乗りにも人気らしく、私も北海道の仕事などで活用させてもらっている。

そう、これは8年間北海道での旅ロケを経験して学んだことだ。冬って着膨れしがちだけれど、本気のインナーを着用することで着るべき枚数が減る。全体の枚数が減ると、かなり動きやすい。動きやすいと、体力的にも精神的にも疲れにくくなる。

本気のインナーはきっと、モノの数が限られるこの生活で

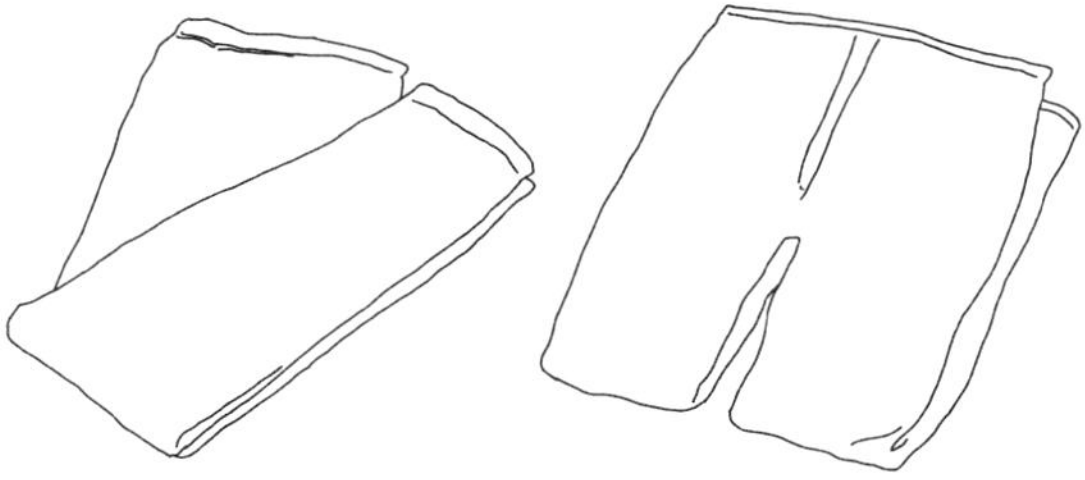

もキーとなるアイテムだと思っている。あったかくて動きやすくて、冬バージョンの私がレベルアップした。早く防寒トップスも取り出したい。

24日目……スマホ

ついにスマホ。スマホがある生活とない生活では時間の流れ方が明らかに違う。これから大事にしていきたいのはどちらの時間なのか、ということを十分に考えられたと思ったので、スマホを解禁した。これはつまり意識的に距離を置きながら付き合っていこうという決心なのだけれど、多分かなり難しいだろうな。

今はスマホなしの時間がどれだけ尊いかわかる。でも、すぐになし崩し的にスマホ依存症に戻りそう。とりあえずＴｗｉｔｔｅｒのアプリなどを消した。

夜はイヤホンでＫａｎ Ｓａｎｏさんの曲を小さい音で聴きながら『読書の日記』の

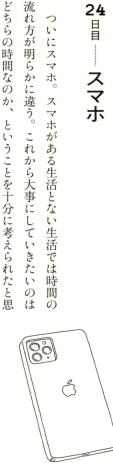

続きを読んだ。スマホを制限することにこだわるより、スマホ以外のゆったりとした時間を全身全霊で大切にしていく、というのが脱スマホ依存への道なのかも、と思い始めているけれどもどうなのか。付き合い方はまだまだ研究中。

25日目……机

作業や食事をする時の姿勢に限界がきた。机があると一気に「人間の生活」になる。文明レベルが1アップした。人間として背筋が伸びる思いだ。体も楽になったし、仕事もはかどるし、床で食べなくてよくなって自尊心も守られた。机は偉大だ。

この日は、大きい公園に行った帰りにケンタッキーをテイクアウトして食べた。最高だった。家にモノがないと、公園のエンタメ性が再発見される。遊具の有無とかは関係ない。いい芝生、広い敷地、野生のヒガンバナなどに以前よりグッとくる。すべての瞬

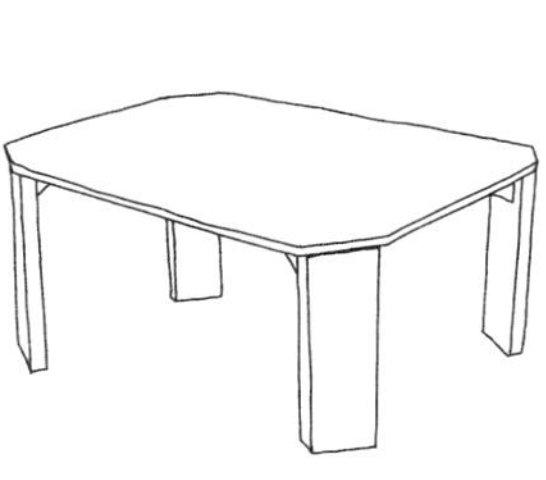

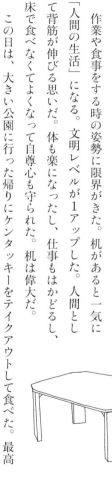

間を味わえた。このまま生活と瞬間に集中したい。

26日目……サラダ油

最近、人生で一番ケンタッキーを食べている。限定っぽい「香るゆず七味チキン」を毎回注文している。1本目に限定チキン、2本目にオリジナルチキンを食べる流れ。おいしいけれどテイクアウトに頼りすぎず、そろそろ台所を充実させたい。

調味料もないなりに試行錯誤していたけれど、油がないと料理に「うるおい」とか「色気」が足りない気がしていた。油がない料理はスン……とか、カラ……としている。だからケンタッキーばっかり食べたくなっていたのかも。

油を手に入れたらもうこっちのもんである。なんでも果敢に焼いてやる。鍋に張り付く心配もなしだ。手当たり次第に焼いた。

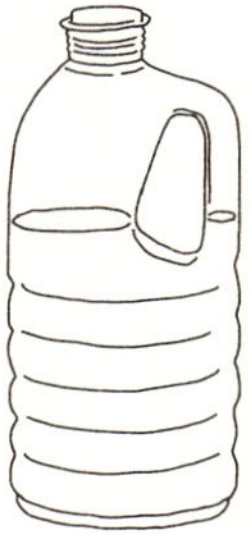

27日目……スマホ充電ケーブル

スマホを解禁したらきっと一気にスマホ依存に戻ってしまうなと思い、あえて充電ケーブルと別カウントにした。映画『100日間のシンプルライフ』でもそうしていた。これまで充電が切れないようにちまちま使っていたが、ついに電池がなくなったのでケーブルを取り出す。充電されていくスマホの姿が初めてかわいく見えた。生きているみたい。

これでいつでもスマホが使えるようになってしまった。恐ろしさがある。ポリシーなどすぐに吹き飛び、ずっと触ってずっと時間を溶かしてしまうのではないかという恐怖。私にはまだスマホは早いのではないか。

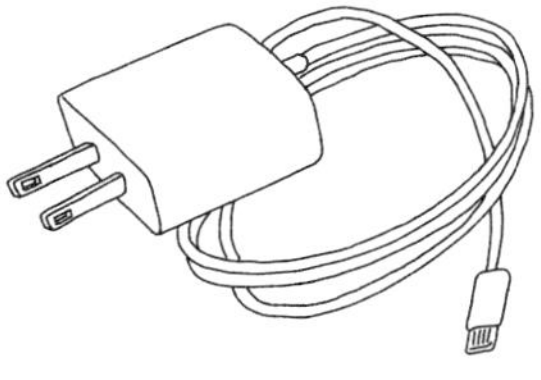

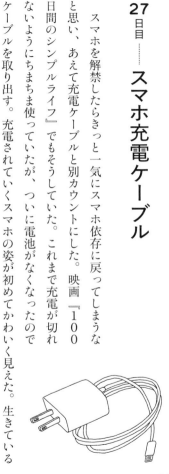

28日目……塩

渇望していた塩だ。もうベーコンやハムの塩気に頼った調理にも飽きている。うまみだけでは感じられないうまみというものがあって、塩気とセットになることで初めてうまみが立ち上がる、という話を聞いた。

この調子で砂糖、醤油《しょうゆ》、料理酒、胡椒《こしょう》、鶏がらスープの素、コンソメ、豆板醤《トウバンジャン》、ラー油、クミン、七味、チリパウダーなどを手に入れたい……が、いい機会なので少ない調味料でできる料理を学んでみたい。ちょうど友人が「有賀薫さんのレシピは基本の味付けが塩だけのものが多くていいよ」と教えてくれた。調べてみよう。

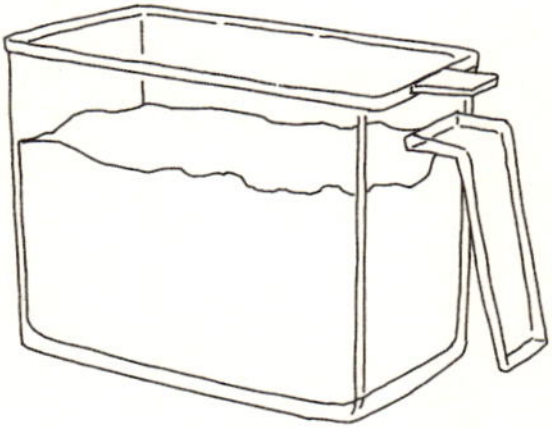

この日は塩と油だけでできる最高のおかず、「ピーマンの油蒸し」を作った（料理家の渡辺康啓さんのレシピ）。これが、今まで食べたどんなピーマンよりおいしい。この

生活を始める少し前、渡辺康啓さんのレシピをいくつか試している時に、ピコーン！という感じで「滋味《じみ》！」と思ったのだった。まだまだ知らないうまみがあるぞと。それもあって、調味料以前に素材のうまみのあらわれ方を学びたいと思っていた。

29日目……本『スープ・レッスン』

有賀薫『スープ・レッスン』〈プレジデント社〉。

今必要なのは道具より知識な気がしたので、29日目にはレシピ本を手に入れた。なるほど、この本は友人の言っていた通り塩がメインの味付けになるレシピが多い。

〝たまねぎ、にんじん、トマト、キャベツなど、うまみの強い野菜を油で炒めてから煮て、塩で味つけをしただけのミネストローネを出すと、みんな食べて驚く。肉、魚、野菜、乾物、乳製品、油、調味料、どんな食材からも「うまみ」や「香り」が

出るということに気がつけば、コンソメキューブはそれほど重要ではなくなる。〟
（※出典：有賀薫『スープ・レッスン』〈プレジデント社〉）

これこれ、これこそが求めていたものだ。「知りたい！」が高まっている時にぴったりくるものを手に入れる喜び。おそらく今が、吸収率のピーク。

とにかくせっかちで目の前のことだけが気になる性格だから、あらゆる生活必需品をすっ飛ばしてスープの本がほしくなった日だった。

30日目……グラス

当たり前の存在だったから、毎日「ああそうだコップがないんだ」と思う度に寂しかった。生活が落ち着いてきてやっと取り戻すことができた。

大学生の時、いつもとにかく楽しそうで、何もかもがうまくいっているように見える

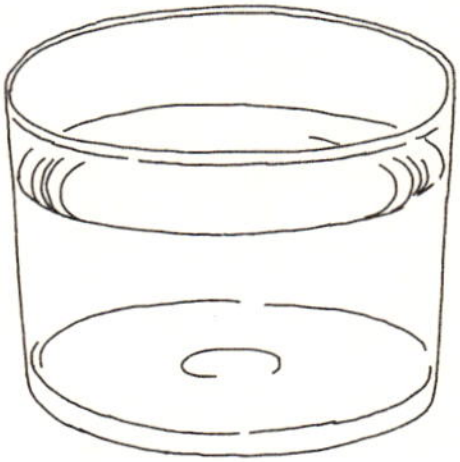

ポジティブな友人に「何をしている時が一番幸せなの？」と聞いたことがある。すると「朝起きてコップ1杯の水を飲む時かな」と言われ、かなり衝撃を受けたのを覚えている。当時の私の幸せといえば、何か成果を得られた瞬間、だけだった。朝起きて水を飲む時……？　理解できなかった。水なんて味ないぞ、と思った。

だけど、今ならわかる。30日目にしてやっと手に入れたお気に入りのグラスで、朝起きて水を1杯飲む瞬間は幸せ以外の何物でもない。最近、カーテンを開けるのも閉めるのも幸せだし、白いスニーカーについた泥を落とすのも幸せだったりする。それが「小さな幸せ」だとは思わない。これが人生のすべてだ、と思う。余裕がないと「今この瞬間」が見えないのかもしれない。

31日目……まな板

牛乳パックを開いて代用したりもしたけれど、これを続けるとさすがに包丁の刃が傷みそうなのでまな板を取り出すことにする。木のまな板は昔から憧れの道具で、野菜の断面がかわいく見えて好き。コンコン、トントン、ざくり。ああ、やっぱりこの手ごたえがいい。包丁もやっと相棒の上で力を発揮できて喜んでいるよう。

このまな板、買う時にめちゃくちゃ悩んでリサーチして選んだんだった。早く買ってしまいたいと焦って、悩んでいる時間をストレスに感じることもあるけれど、じっくり時間をかければかけるほど買ったものに愛着が湧く。

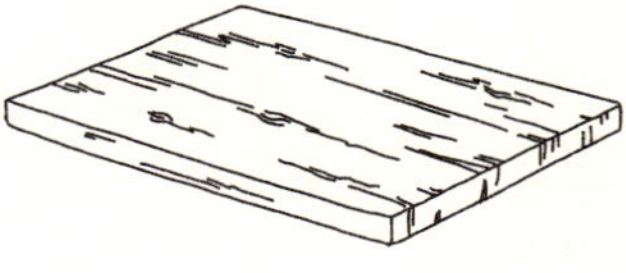

32日目……防寒インナートップス　もちはだ

他にどんな欲求があっても、寒さには勝てない。まずは寒さ対策をしないと。

レギンスに続き、「もちはだ」の防寒インナーを選んだ。分厚い裏起毛で、これを中に着ていれば真冬でもペラペラのコートでいけるくらいあたたかいインナー。身軽でいたいけれどしっかり防寒もしたい私にぴったりだ。服が増えたというより、ドラクエで勇者が装備を新調した時みたいな気持ちになっている。防寒着は、装備。

今日も爪を切った。この生活で3回目。だいたい10日前後で「爪切りたいかも」とむずむずすることがわかった。短く切りそろえると俄然やる気が湧いてくる、とまではいかないけれど、それまでの自分より、切った爪の数ミリぶんだけ生真面目な人間になっ

たように感じる。整いました、という心地。

この生活ももう1ヶ月が過ぎて、手に入れることができるアイテムはあと68個。まだ足りないものがあると思いつつ、あと68個も手に入るならかなり豊かだ。あれが足りないこれが足りないと言いながら、でも今日まで無事に生きられている。生きられなかった日はない。なんなら以前より充実している。面白い。来週はスープを作りまくりたい。寒い。

33日目……スープボウル

29日目にスープのレシピ本を手に入れた。今までレシピ本といえば、気になった料理を選んでその情報を「使う」という感じだったけれど、資源が少ないこの生活なのでレシピ本も小説のように頭から終わりまでくまなく読み込んだ。今の私には、この本に書かれて

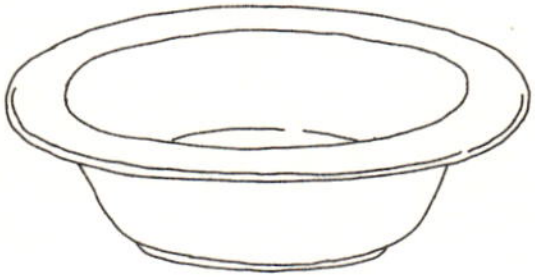

いるスープの基本をじっくり頭に入れるのに十分な時間があった。レシピを手に入れてから実際にスープを作り始めるまでに4日。かつてなかった儀式を経た。満を持してスープボウルを取り出し、いよいよ実践する。

スープは回復魔法。いっぱい食べたいし、いっぱい回復したいので大きめの器がいい。お気に入りのスープボウルを出してきた。

現在持っている調味料の塩と油だけで最初に作ったのは『スープ・レッスン』に載っていた「白菜の塩しょうがスープ」。

片栗粉を使ったわけでもないのにゆるふわな鶏ひき肉。しょうがの香りが白菜の船に乗って、スープの湖をどこまでも進んでいく。澄んでいて奥深いから、海よりも湖って呼びたい。さっぱりしているのに、肉厚な包容力がある。じわあ。少ない調味料でここまで連れていってもらえるんだなあ。

34日目……スプーン

スープに集中するなら、スプーンは必須だった。丸いスプーンですくって口元に運ぶと、スープが丁寧に体の中に入っていくのがわかる。スプーンはスープの案内人だ。この動作もすべて合わせて「スープを飲む」という行為なのだ。

クチポールのスプーン、大事にしたいから今まで奥にしまって、普段はどうでもいいスプーンから順に使っていた。でももう今の私は、腹をくって、毎日とっておきを選ぶ。

35日目……メイク落としシート

17日目にファンデーション代わりのCCクリームを手に入れたのだから、これは本来なら18日目に選ばなければいけなかったアイテム。メイクってメイク落としじゃないと本当に落ちにくい。

でもほしいものが多かったのでずるずると後回しになっていた。できるだけメイクする日を減らして、メイクした日は全身シャンプーでしつこく洗ってやり過ごした。やっと完璧にリセットできる。メイク落としシートは顔のリセットボタンだ。

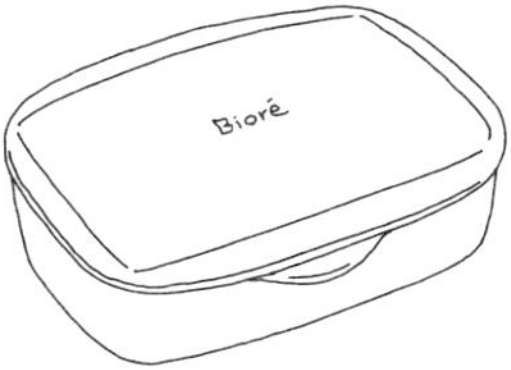

36日目……本『それからはスープのことばかり考えて暮らした』

吉田篤弘『それからはスープのことばかり考えて暮らした』〈中公文庫〉。

今の私の状態を表しているタイトルの小説。レシピ本もすみずみまで読んでしまったし、読むものがなくなったので本を追加した。当初は分厚い本を選んだほうが、少ない冊数で長い時間楽しめるんじゃないかと思っていたけれど、「今の気分に合う本を読みたい」という欲望が止められなかった。本を読む喜びは本を選ぶところから始まっている。そして案の定、今日中に読み終わってしまった。

〝昔の時間は今よりのんびりと太っていて、それを「時間の節約」の名のもとに、ずいぶん細らせてしまったのが、今の時間のように思える。さまざまな利器が文字どおり時間を削り、いちおう何かを短縮したことになっているものの、あらためて考えてみると、削られたものは、のんびりした「時間」そのものに違いない。〟

（※出典：吉田篤弘『それからはスープのことばかり考えて暮らした』〈中公文庫〉）

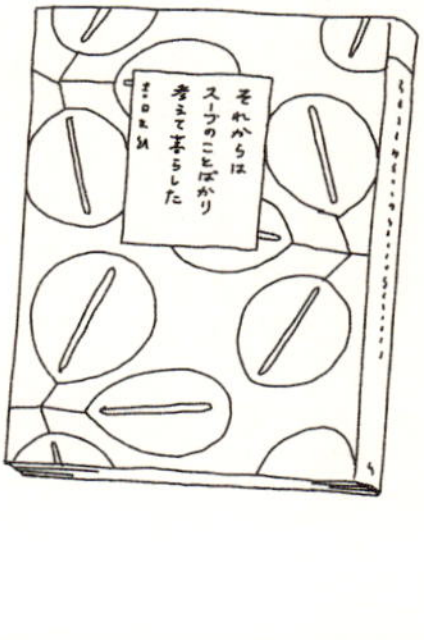
それからは
スープのことばかり
考えて暮らした

私がこの生活で考えていたことと重なった。今読んでいる本と自分がシンクロする瞬間、これも読書の楽しみのひとつ。ここで書かれている時間論はミヒャエル・エンデの『モモ』的な感覚だ。私がタイムトラベル専門書店を始めた理由のひとつに、SF的なタイムトラベルだけじゃなく、こうした身近な時間についても考えてみたかったというのがある。

※ミヒャエル・エンデ『モモ』〈岩波書店〉……児童文学の名作。ある日、街に灰色の男たちがやって来て人間の時間を盗み始める。大人たちは時間を節約することにこだわって忙しく生きるようになり、豊かな暮らしを忘れてしまった。ふしぎな少女モモが時間どろぼうたちにひとりで立ち向かい、冒険の中で美しい花が咲く時間の源泉を見つける。

※タイムトラベル専門書店……2019年に始めた移動書店。時間SFだけでなく、考古学の本や絵本など広い意味で時間を感じる作品や文具、絵などを扱っている。

37日目……羽毛布団

秋の雨は冷たい。家の中にいても冷えた湿気が体に降ってくる。寒がりなので、秋にはもう真冬の防寒アイテムを一通りそろえたい。なんだか「寒い」ばっかり言っているし、アイテム選考基準が「寒いから」というのが多い。しかし寒いという感覚は健康に直結しているので仕方ない。暮らしで一番に守られるべきは命。

軽くてあたたかくてふわふわで、羽毛布団以上によいものなんてこの世にない。冷たい秋の夜はこのあたたかい雲にくるまれば、もう雨もこわくない。この生活では毎日「これ以上いいものなんてこの世にない」と思えるのですごくお得だ。

38日目……洗濯用洗剤

とても今さら感があるチョイス。そうなのだ、私は40日も経とうとしているのに基本的なものをまだ集められていない。それは性格のせいもかなりある。私は全然冷静じゃないし、ひとつのことしか考えられないから、その時ほしいと思ったものしか選べない。洗濯機を手に入れた感動のあまり、洗濯機を愛し洗濯機を過信し洗濯機を崇拝してしまったところ、洗剤がなくても洗濯機先輩ならいける、と思ってしまっていた。洗剤は要る。久しぶりに使ったら服がいい匂いで驚愕《きょうがく》した。洗濯をすると服がきれいになるだけじゃなく、いい匂いまでついてくるなんて幸運だ。

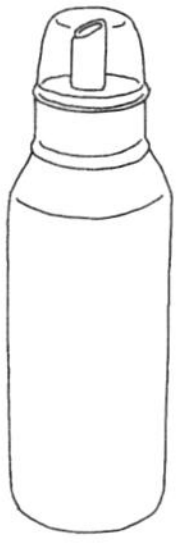

39日目……本『試行錯誤に漂う』

保坂和志『試行錯誤に漂う』〈みすず書房〉。

それでもまた、本を選ぶ。本当は歯磨き粉もほしい。

この生活で最初に手に入れた本、阿久津隆さんの『読書の日記』に登場するたくさんの本（あまりにもたくさん）の中で、一番読みたいと思った、保坂和志さんの『試行錯誤に漂う』。芋づる式読書が本当に好き。芋づる式になりたいから本を読んでいる節がある。運命が可視化されるみたいな喜び。

絶大な期待で選んだ『試行錯誤に漂う』が、やはりすごくいい。2ページに1回折り目をつける。折り目をつけたページの次のページも折り返して、わけがわからなくなるのは久しぶり。

芋づる式にほしくなるアイテムがあるということは、自分に必要な100のモノは、自分でも未知ということだ。

40日目……鉄フライパン

ここのところ「うまみ」を学んでいて、メイラード反応が大事なんじゃないかという結論に至った。メイラード反応とは、食品を加熱した時にアミノ酸と糖が結びついて褐色になり味も変化することで、つまり香ばしくてうまい、というやつである。フライパンが要るな、と思った。

単なるもやし炒めもごちそうになるくらいおいしい。このフライパンは宝ものだ。はっきりと味が違うから、新しい調味料をひとつ手に入れたと言っていいかもしれない。

テフロン加工のフライパンは焦げ付かなくて便利だけど、数ヶ月から数年で買い換え

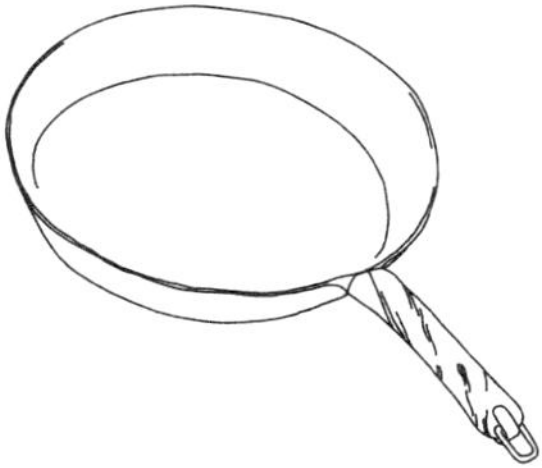

なければいけない消耗品だ。一方で鉄フライパンは、きちんと手入れすれば半永久的に使える。半永久的に使えるものを選ぶ時、おれたちずっと一緒だぜ、と心の中で指切りしている。道具との間にも友情は芽生える。

41日目……リップグロス

この日はヨーロッパ企画さんのYouTube配信『時間SFのことを話す夜』にゲスト出演させていただくことになっていたため、化粧品をもうひとつ増やしたかった。

唇の色が少し明るくなるだけで顔色がよく見える。これは今年大切な友人からもらったもので、手元に置いておくだけでも嬉しいし、お守りにもなる。機能的、かつ気分が上がるアイテムを手に入れた。今日から毎日、基礎幸福度がリップグロスひとつぶんだけ高くなった。

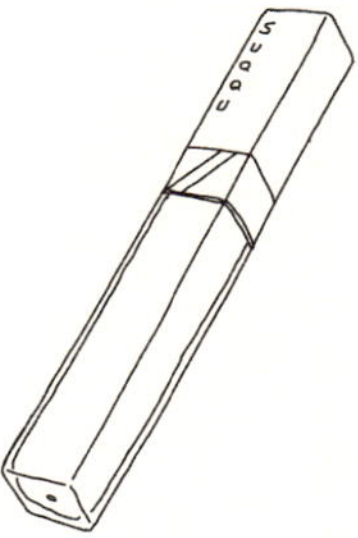

42日目 ……… ピーラー

ピーラーは本当に必要なものか、と問われたらどうしたって二段目にいると思う。包丁でも野菜の皮は剝《む》けないことはない。でも時間がかかりすぎるし、ストレスだった。ストレスは減らしたい。せっかちなので、シャッシャッシャッシャッと処理したい。だから多分二段目にいるようで一段目にいる。段とは？　よくわからないけれど多分私の欲望のピラミッドのこと。持っている技術や性格と照らし合わせて、他の誰でもなく自分にとって効率的な品を配置していく。

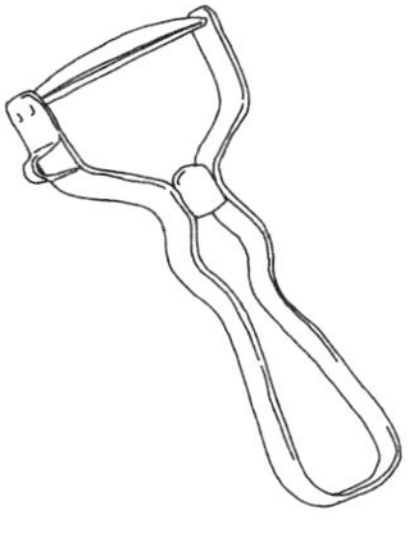

43日目 ……… トイレ用洗剤

家族と共用のため、これまでトイレを掃除しなかったわけではないけれど、掃除アイテムもきちんと数えておこうと思った。

無印良品のボトルの佇《たたず》まいがいい。掃除してきれいにしたい、っていう時の気持ちとデザインの方向性が重なる。

考えてみると、トイレ用洗剤ほど「生活」を実感するアイテムはない。だって旅には持っていかないから。日常と非日常を分かつ品、それがトイレ用洗剤だったのだ。

44日目……木べら

炒める時、箸でもできないことはないけれど何か物足りなさを感じていた。材料を転がす時の手ごたえが違う。私はもっと、肉や野菜に、まあるく、面であたりたい。ようやくしっくりきた。

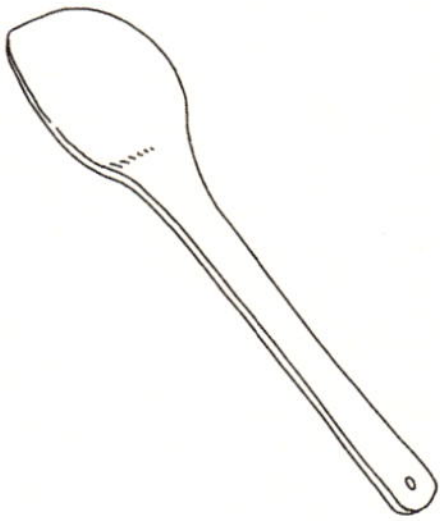

知らなかったんだけど、鍋の上に木べらを置いておくと吹きこぼれないらしい。きっちりはからなくたってご飯と同じ量の水を入れればおいしく炊けるけれど、毎回吹きこぼれていた。ここのところご飯を炊くのはもっぱら鍋なので、早速やってみた。わわ、本当だわ。

そうなるといよいよ炊飯器が要らない。木べら、ますます愛す。木べらっていうかこれ、質感的に竹なのかしら？　自分の道具について知らなすぎる。今調べてきたらやっぱり竹だった。じゃあ木べらって呼ぶのおかしいか。「竹製の調理へら」だそうです。持ち物について最低限説明できたり、知っていたりしたい。自覚的すこやかな生活を送りたい。

最近感じるのは、自分が思っていた以上に、服に執着がないということ。果たして。

45日目……パジャマ

44日目までのレポートはこう終わっている。「最近感じるのは、自分が思っていた以上に、服に執着がないということ。果たして。」。全然服を取り出していない、どうなんだろ、となっていたくせにその後すぐにほしいと思ったのはパジャマだった。

2020年だから、というのは大いにある。人と会わないから、外に着ていくおしゃれ着よりも、心地いいパジャマのほうが大切になったのは必然かも。折り返しの50日目が近づいてきてもまだ、服のバリエーションがほぼ1パターンしかないけれど、だからってこれで自分は服に興味がなかったんだな、と結論付けてしまうのはもったいない。

でもそういうのを差し引いても、自分は服の中でパジャマがかなり好きだと思う。下

着1枚ぶんでも軽くしたいと思っている旅の荷物に、それでもパジャマだけは入れたりする。旅館の浴衣も、ビジネスホテルの長すぎるシャツみたいなパジャマも私にとっては寝づらい。スカスカするし、はだけてよじれてわけがわからなくなる。

パジャマが手に入って嬉しい。本当に本当に豊かな気持ちがする。今年は特に、自分のペースや心地よさを死守する、ということの必要性を感じる。

46日目……おたま

この生活を始める前には8つのおたまを持っていた私が、46日目にしてついにたったひとつのおたまを選んだ。おたまはひとつでいい。ひとつあれば、世界が違う。世界はおたま以前、おたま以後になる。

すくう、という行為がこんなに心地いいものだとは。近頃スープに凝っている私、お

たまでひとすくいしたスープの色が嬉しい。今日は透き通っている、油がきらめいている、やさしそうにモッタリとしている。おたまがあればスープと会話できる、というのは言いすぎだろうか。ただひとつのおたまをこれから愛していくよ。

47日目……スポンジ

100日間ももうすぐ半分が終わろうとしている。道具のための道具を取り出し始めた。食器や調理器具を洗う、手入れする。スポンジは泡立たせるのが得意で、洗いやすい形で、ふわふわなのに強めのアプローチもできて、見た目もかわいくてすごくよい。

スポンジに対して、「ああ、いいよ、すごくいいなあ」と思ったのは初めて。こうやっていちいち愛《め》でたってよかったのだ。満足できる洗い上がりで、手入れするということの根本的な嬉しさを知る。

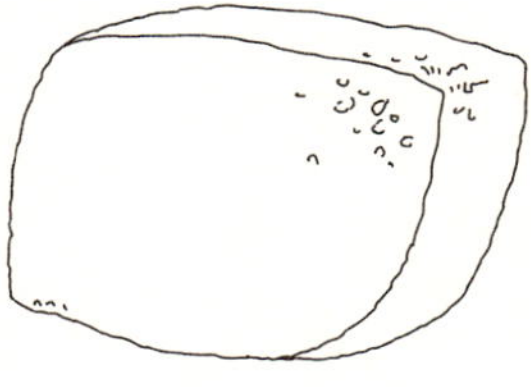

48日目……お茶碗

白米は、平皿にのせることも、スープボウルによそうこともできるけれど、やっぱりお茶碗が落ち着く。炊きたてのご飯をしかるべき深さの器に入れると、米も喜ぶし私も喜ぶ。これは中国で取り皿にするようなお碗をイメージして、日本で買ったもの。

まだマグカップがないので、朝はここにカフェオレを入れて「カフェオレボウル」のつもりで飲んだりもできる。物は言いよう。

中国によく行く私だが、食事の際に周りの人たちは平皿ではなくお碗を取り皿にしている印象がある。お碗ひとつだと大人数の食事でも場所をとらなくて便利。

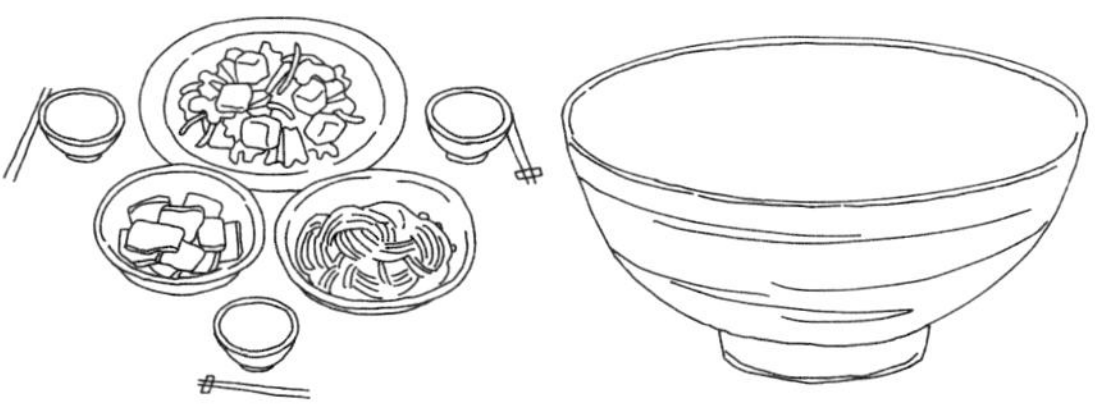

塩と油だけでおいしい中国料理といえば番茄炒蛋《ファンチエチャオダン》（トマト卵炒め）。ご飯が進む。

49日目……しゃもじ

スプーンとか、木べら（竹製の調理へら）とも形は似ているけれど、しゃもじの代わりにはならない。しゃもじよ、きみにしかできないことがある。

先人が積み重ねた知恵によって計算された傾斜、くびれ。米がしゃもじに、しゃもじが米に吸い付く。運命の恋人みたいに、出会う前から呼び合っている。そういうしっくり感がある。手に馴染む道具というのは所持していて心強い。人生の味方だ。

米を炊いたけれど熱くて鍋から取り出せなかった日を思い出す。しゃもじがあるって豊かだ。ない状態を知っているということもまた、豊かな実感だ。

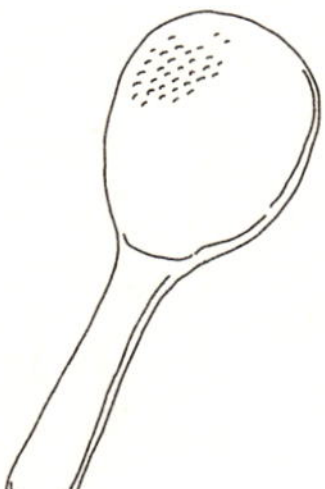

50日目……本（画集）『Pastel』

坂口恭平『Ｐａｓｔｅｌ』〈左右社〉。

記念すべき50日目なので特別なものを、と考え、悩んだ末に画集を取り出した。画集はそんなにたくさん持っているほうではない。でも坂口恭平さんのパステル画を初めて見た時、心が旅に出て、そこで勝手に休憩しているのがわかったので、この画集は自分にとって必要だと思った。とにかく光の存在感がすごい。画集を手に入れたというより光を手に入れた感覚。

今日で１００日間の半分が終わった。ここまでの生活で、結局心の平穏を守ることが一番大切なことだった。それでつまり50日目は画集だった。心を守るためにこんな対策は今までしたことがなかったけれど、効果は抜群だった。

51日目……オリーブオイル

塩と油だけでできる料理を研究している。シンプルライフと相似形のチャレンジ。オリーブオイルを追加すると、さらにバリエーションが広がりそうだったのでそうした。またもや友人がおいしそうなレシピの存在を教えてくれたので、それを早く試したかったというのもある。

手作りトマトソース。おんいいしかった。パスタで食べた。出来たてを一刻も早く食べたくて、心がはやり、気づいたらなくなっていた。

久々のオリーブオイルは、とてもセクシーだった。いい香りととろけるテクスチャーで食材に色気をまとわせる。台所に好きなオイルがあれば、気持ちもちょっとうるおうのだとわかった。

52日目……歯磨き粉

2日目に歯ブラシをゲットして以来、ずっと歯磨き粉なしで歯を磨いていた。歯磨き粉なしだと、ミントでなんとなくすっきりしておしまい、みたいなことに絶対にならないので、おのずとしっかり磨ける。でもふと、知らないうちに着色しやすくなってたりしないかな？　と思ったら急にこわくなった。え？　まずくない？　50日ぶんの焦りがのしかかる。

久々の歯磨き粉はスペシャルだった。ヴェルタースオリジナル、と思った。こんな素晴らしいキャンディをもらえる私はきっと特別な存在なのだ。今では私がおじいさん、孫にあげるのはもちろんヴェルタースオリジナル。なぜなら、彼もまた特別な存在だから。歯磨き粉で歯を磨くという行為がファビュラス。自分が自分を愛してる、そうでなければこんなことしないんだから。自分が好き！　と思わなくても、思う前から、そう

なんだ。ご自愛した。

今日作ったシンプル調味料メニューは、「グリーンアスパラの塩レモンスープ」（有賀薫『スープ・レッスン』より）。

※ヴェルタースオリジナル……CMが印象的な森永のキャンディ

53日目……スキニージーンズ

今週はいよいよ服を充実させていこう、と意気込んでいる。実はまだパーカーワンピとパジャマくらいしか持っていない。

毎日のように公園に行くので、まずは動きやすいジーンズを選んだ。だぼっとしたパンツのほうが流行っているが、何を隠そう私は、タイトなジーンズにねじこむ世代。機動力も高い。公園ではいつも、小

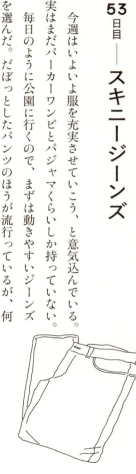

さい丘を駆け下りたり木にぶら下がったり吊り橋でおしりを振ったりしている。スキニーだとパーカーワンピの下に合わせることもできていい。

しかし、ちょっと久しぶりに穿いたらウエストがかなりきつかった。穿けるけれど、息を止めないとボタンを留められない。なんてことだ、油断していた。この2、3ヶ月で太ったようだ。この生活で初めて、アイテムの選択をミスったかもしれない。でも選んでしまったからには後に戻れないので痩せるしかない。

100個しか選べないのに、思ったよりきつかったからもう1本ジーンズ、とかアホらしすぎる。背水の陣だ、運動しよ。

54日目……白いパーカー

パーカーが好きすぎる。それにしても、パーカーワンピ→パジャマ→ジーンズ→パーカーって。いや、でも自分な

りに結構考えた結果ではある。

この1週間、ぼんやりとどんな服を取り出そうか考えていて、服が少ないということはタフに洗濯できるアイテムがいいな、と思い至った。本当だったらこの時期はだいたいいつもセーターを着ている。でも毎日ドラム式でニットを洗ったら100日目には間違いなくkidsサイズになる。

白だと汚れちゃうかな、と思ったけれど何色でも汚れたら嫌なのは一緒だし、もしシミがついて大変なことになったら後で漂白剤か何か投入しよう。それが白のいいところ。別に無理していろんな服を持たなくったって、自分が好きで、しっくりくる服だけを持っているのでもいいな。白いパーカーには明るいパワーがある。守られながら発光するみたいな心地よさ。

55日目……VRゴーグル

スキニージーンズがスキニーすぎる事件から2日。急いでもとの体型に戻すべく、VRセットを取り出した。シンプルライフを始める前は、VRのボクササイズのアプリで夜な夜な運動していたのだ。バーチャル空間に広くておしゃれなジムがあって、そこで音ゲーで遊ぶようなノリでしっかり汗をかくことができる。

かつて家から30秒のジムに入会していたこともあったけれど、ジムっぽい服に着替えるのが面倒で全然続かなかった。家から30秒でも社会は社会、誰も見てなくてもかっこつけちゃう。いちいち、このTシャツ着ていくのはダサすぎ……？　とか悩んでしまう。それに対して、家にジムを出現させるという手段はかなりよかった。これで続けられる。

ジーンズを無駄にしたくないという思いがけない理由で取り出してしまったVRセッ

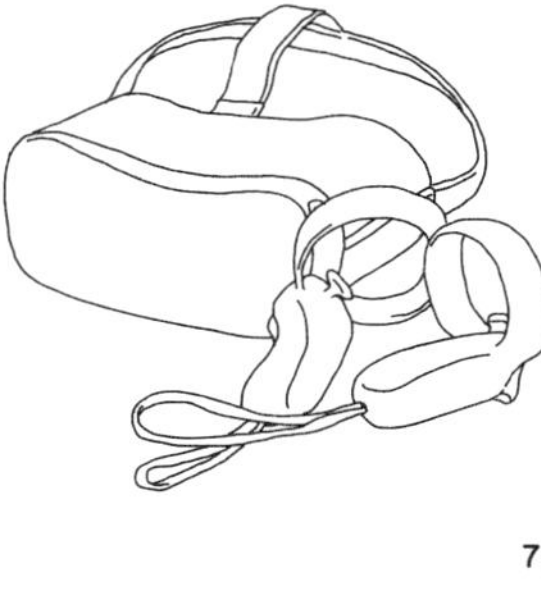

トだが、大発見があった。もしかしてこれが究極のシンプルライフだったのかもしれない。だってほとんど空っぽみたいな部屋に住んでいるのに、VR上の私のリビングにはソファ、暖炉、間接照明、本棚……なんでもあるのだ。たかがゲームなんてことはなくて、本当に没入感がすごいからこの空間にいるとちゃんとリラックスできる。時間が経つとヘッドセットがちょっとしんどくなってくるけれど。大げさに言えば、世界をもう1個手に入れたようなものだ。映画館、遊園地、街そのもの、宇宙も、この中に全部ある。

56日目……はさみ

例えばこれが2週間の旅行だったら、はさみは必要ない。もうすぐ2ヶ月が経過しようとしている「生活」だからこそ、必要になってくるものも多い。実ははさみがないことが毎日数ミリぶんストレ

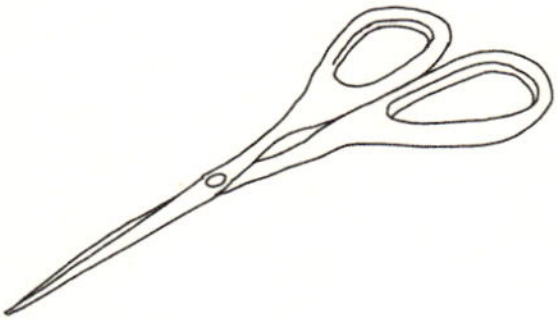

スだった。

はさみを手に入れたことが嬉しくて、調子に乗って髪の毛を切った。前髪だけじゃなくて、横も後ろも切った。大失敗です。まず、こういうのは髪を切る用のはさみじゃないとだめ。そして私に技術はない。なんとなくうまくいったように見えたけれど、よく見るとひどかった。

特に翌朝の寝癖がすさまじかった。横髪一同が左にスウィングしていた。スウィングっていうか、スウィンギンッ！　って感じ。技術がないならやっちゃだめ、ということはないけれど、少なくともはさみを手に入れたことは能力を手に入れたことではない。

57日目……アウター

寒さに弱い。あったかくて、洗えて、軽くて、家でも半纏《はんてん》っぽく着ていられるアウターを選んだ。襟なしのデザインが気に入っている1着でもあるけれど、やっぱり今はまず機能性で選んでしまう。リバーシブル最強。

裏返すとふわふわ。たまにふわふわな体になるのは結構重要。心がささくれ立ったりギザギザハートになったりしても最低限、体はふわふわの状態。いらいらしても、ふわふわな生命体がいらいらしているだけ。今年はなぜだろう、特に着ていて落ち着く服がいい。

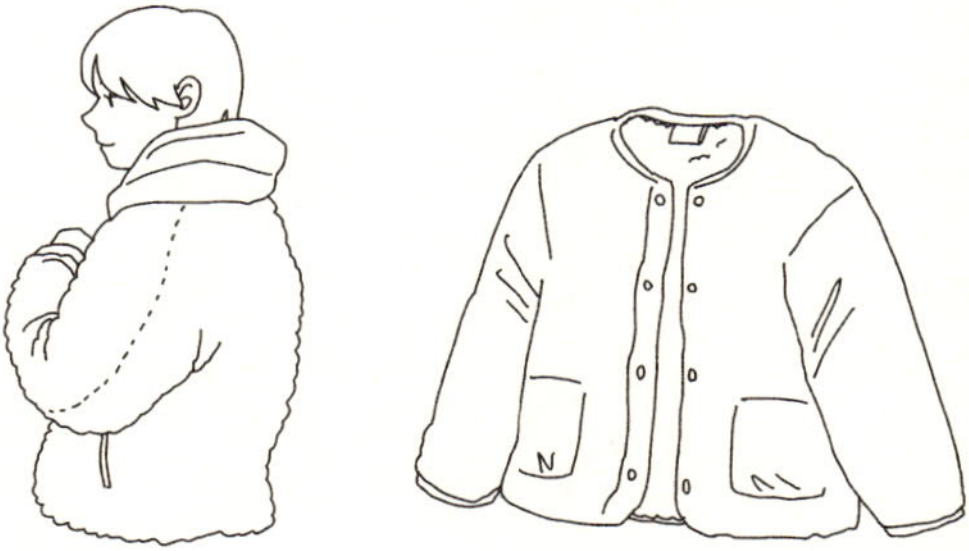

58日目……本『蓑虫放浪』

望月昭秀著／田附勝写真『蓑虫放浪』〈国書刊行会〉。

旅に出たいという気持ちから選んだのはこちら。縄文ZINE編集長の望月さんが、幕末から明治期にかけて全国を放浪した絵師・蓑虫山人を追ったルポルタージュだ。

土偶好きで好きなものを求めて放浪するってところに共感しまくり。頭の中の好奇心のグラスに情報が注がれていく音がする。コポコポコポ。

なかなか旅に出られない時、人はどうやってその欲求を満たすのか。読書はかなりいい手段だ。家の中で旅する方法を探す日々である。

59日目……ハンドクリーム

カサカサ記念日があった。それは昨日。よーいスタートでカサカサシーズンが始まった。それまではなんともなかったのに。気がつくと乾燥の季節だった。

瓶に入ったハンドクリームは、ジャムにそのまま指を突っ込むいたずらっ子の気分になって好き。香りも瞬間を彩る。手に馴染ませると、アロマを焚いてくれてハーブティーを出してくれてドライフラワーが飾ってありそうなマッサージ屋さんのBGMが聴こえた気がした。そのぐらい、圧倒的な癒《いや》し効果がある。

ハンドクリームを塗るという日常にすっかり埋没していた行為が、この生活によってまた発掘された。自分をいたわっている実感がずっしりある。

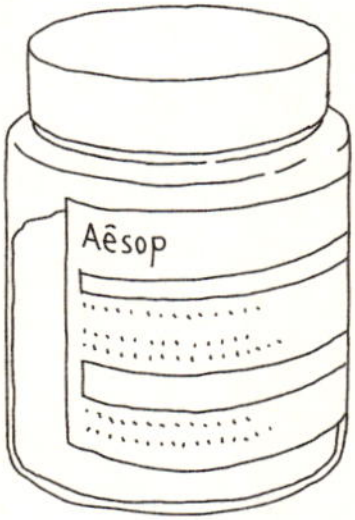

60日目……ドライヤー

夏ならいいけれどもうそろそろ本気で寒いから、絶対に髪は乾かしたほうがいい。だいたいいつも2歳児と公園に行く→シャワーを浴びる、という流れで、バタバタッというよりはもはやオリャオリャオリャオリャ、トウッ！　となるので自分の髪を乾かす暇がない。落ち着いた……か……な？　と思ったら昼寝していたりするので、ドライヤーの音で起こしてしまいそうだし。でも私の髪の毛は短いから、そんなこんなで気づいたら乾いていることも多い。

しかし。数日前にはさみを手に入れて調子に乗り、自分で髪の毛を切ってからというもの寝癖がすんごい。ちょっと外に出るにも、髪を整えないことには始まらない感じになってしまった。

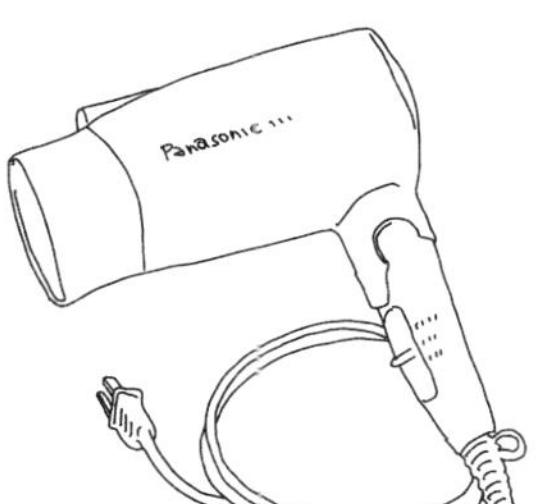

最低限のヘアセット。髪を濡らして、30秒くらい上からまっすぐな風をあてたくて、ドライヤーにおでましいただくことになった。すごい。やっぱりこれだけでヘアカットの失敗があまり目立たなくなった。「ちゃんとした人レベル」が5上がった。乾かす力って偉大。ドライヤーは私の面倒を見てくれる保護者みたいだ。

61日目……バター

バターってモノなのかな？　でも調味料も数えようと最初に決めたのでカウントしておく。それにしても、バターは調味料かどうかも曖昧だ。食品かな？　数えるのも変だけど、数えないのもずるい、みたいな感じがする。

今日はバターたっぷりのスープを作りたかった。コーンのスープ、かぼちゃのポタージュ、焦がしオニオンスープ。たまに、バターのコクに思い切り甘えたい時がある。高

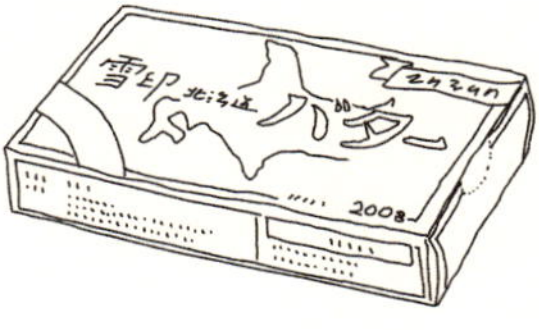

カロリーだとわかっていても。口から摂取するものは、心にも届く。ほんの少しやさしくまろやかになれた。

62日目……フォーク

まだフォークを持っていなかった。取り出してみたものの、フォークなしでも100日いけたな。ないとまずいものを手に入れるのに必死なフェーズから、より暮らしを豊かにするためにアイテムを選ぶフェーズに移ったのかもしれない。でも相変わらず、急に必要なものが同時に2個現れたらそれだけで焦る。

パスタを巻きつけるのって楽しい。くるくるくる、というこの原始的な喜びを幼少期ぶりに味わえてラッキーだ。何かを刺すのもフォークだと若干上品になる。箸だとそうはいかない。なくても100日過ごせるけれど、フォークにしかできない振る舞いというのは確実にある。私の暮らしに、フォークで食べる能力、フォークを使う楽しさ、フォークという文化がもたらされた。

63日目……醤油

少ない調味料でなんとかしようという時期を経て、そろそろバリエーションを増やしていきたいと思い始めている。

塩と油しかないところから、発酵食品のうまみを取り入れようとお醤油を追加。振り返れば意外な順番だった。この生活を始める前に予想していた必要な調味料の順番は、塩→砂糖→サラダ油→醤油→鶏がらスープの素……のような感じ。この予想は、山！ といえば川！ みたいな、塩！ とくれば砂糖！ といった、実感を通過していない発想だ。

鶏がらスープの素やコンソメのヘビーユーザーだったけれど、2ヶ月間塩味だけで素

材と向き合ったらそれらはもはや不要になった。久々に会った醤油先輩は、やはり一朝一夕では出ない深みというか雰囲気を醸し出している。醤油ってかっこいい。初めての感情。

64日目……砂糖

醤油に砂糖を入れて甘じょっぱいタレを作るのが好き。ぶりとか、豚肉とかに合う。ピーマンの肉詰めもいい。お肉を焼いた後のフライパンに醤油と砂糖を入れて、とろみが出るまで火にかけるっていうのをやりがち。

でも逆に言うと、実はそれ以外でまだ砂糖を使うシチュエーションが思い浮かばない。この後どうやって使おう。貴重な1／100なのに。やっぱりまだあれなのか、調味料といえば！　砂糖！　っていう甘い意識で砂糖を召喚してしまったのか。うーん、まず

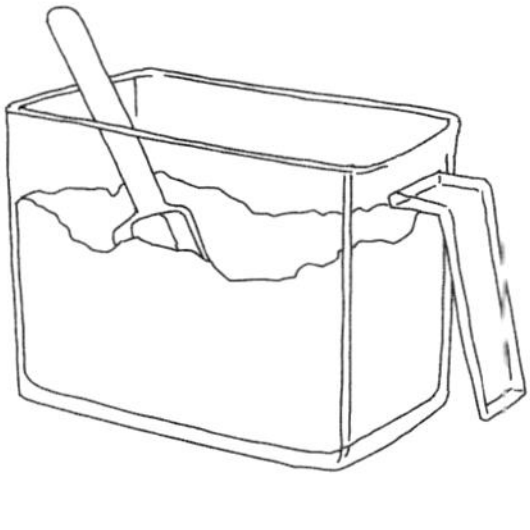

いぞ。

今週はどんどん調味料を追加しよう、と思っていたけれど、こんなノリじゃ上滑りする。本質が見えていない。あの甘じょっぱい味が食べたい、と心から思ったのは確かだけど、私の人生に醤油が、砂糖が、何をもたらすのか。わかっているのかい？

65日目……本『白崎裕子の必要最小限レシピ——料理は身軽に』

白崎裕子『白崎裕子の必要最小限レシピ——料理は身軽に』〈KADOKAWA〉。

このまま闇雲に調味料を追加していくことに不安を感じたので、この生活2冊目の料理本を投入。モノも大事だけど、情報も大事。モノを大切にするためにも情報がほしい。

この本は「まずお湯に塩を溶かして飲み、味覚を取り戻し

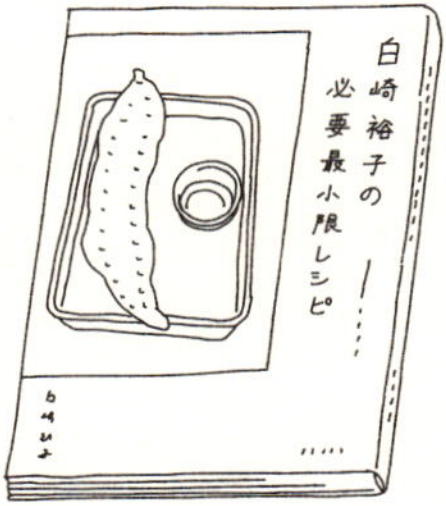

ましょう」みたいなところから始まるストイックさ。そんなふうに0からスタートするところや、基本の調味料の役割について丁寧に書かれているところが今の私にぴったりだ。調味料に限らず、最近は手に入れたものの本質をつかみたいという意識がものすごくはたらいている。

ちなみに、なんとこの本に砂糖は登場しなかった。

66日目……ワイングラス

土曜日だしテンションの上がるアイテムを追加しようと、今年の誕生日に妹からもらったイッタラのワイングラスを取り出す。ちょっと台形っぽいところがかわいい。5年くらい前に旅先のホテルでこういうグラスに出会って以来、憧れていた。ストーリーのある道具となない道具なら、ある道具のほうをだんぜん選びたくなっている。

白ワイン用だけど水やビールを飲むことのほうが多い。ビールをワイングラスで飲む

とゴージャスな気持ちになれる。ワイングラスって一口飲む度に「おめでとう！」って言われているみたい。祝福アイテム。日常を祝福していきたい。

67日目……ごま油

また油だ。サラダ油、オリーブ油、ごま油。油ばかり増えている。欲を言えばラー油もほしい。私がほしい調味料ってほぼ油なんだな。ごま油はその風味をもってして、間違いなくスタメンなのだった。家族で火鍋を食べる時なんかは、一度で一瓶使い切る勢い。

かなり昔、TVのレポーターの仕事でごま油工場に行ったことがある。なぜだか茶色い革靴を履いていってしまい、油染みで水玉模様ができた。ディレクターさんも案内してくれた工場の担当の方も、なぜ革靴を履いてきた……染みになってるやん……なんかごめん……でもなぜ今日に限って……という顔をしていたが、私としてはごま油好きだから染みてもいっか、いい匂いがしてお得だし、という感じだった。そのくらいごま油が好きだ。

洗濯用洗剤やハンドクリームとの再会でも実感したけれど、香りって本当に生活を明るくしてくれる。忘れていたけれど、私は暮らしの中に好きな匂いがこんなにあったんだ。

68日目……ボードゲーム『ナンジャモンジャ』

『ナンジャモンジャ』というロシア発祥のカードゲーム。モンスターたちに名前をつけて覚えて、早く名前を呼んだ人の勝ち、という簡単なルールだ。ボードゲーム初心者の人に最初に紹介する準備体操みたいな位置付けだったり、子どもと大人が一緒に盛り上がれるゲームの定番だったりする。2歳

児とも四川省出身の義父母とも大盛り上がり。一度、義理の母が笑いすぎて泣きながら息が止まりそうになって、みんなで心配したことがある。頼むからもう笑わないで、危ないから、と必死で止めた。

カードに描かれたモンスターの見た目から、大人はよく「つぶつぶちゃん」とか「まるまるくん」といったような名前をつけがちだけど、2歳の場合は「ドゥンヴォヴァア」とか「バァチバァルァッバァルッウ」とか、型にはまらない、体の内側から湧き上がる擬音そのままの名前をつけてくる。覚えづらく、かなり難易度が上がる。そして、義父母がつける中国語の名前も難しい。誰と遊ぶかによって違うゲームになる。

生活とは自分のものだけではなくともに過ごす人とのものであり、みんなで楽しむ道具は必需品に入れてもいいのだ。

69日目……掃除用クリーナー　アルカリ電解水

毎日料理をするので、キッチン周りの油っぽい汚れも落としやすいクリーナーを選択。

掃除について、実は少しズルをしている。本当は家じゅうなんでもかんでも、カウント外のおしりふきをウェットティッシュ代わりにして拭いているのだ。私のチャレンジのせいで、家族を汚れた家に住まわせるわけにはいかず……。子どもが成長したらやがて家からおしりふきは消えるが、全くエコじゃないのでこの習慣は早めに改めなければ。

道具ひとつひとつを意識して、愛着を持つようになって、なるべく長い付き合いにしたいなと思うようになった。例えばテフロン加工のフライパンは1、2年で剝《は》げて使えなくなるからステンレスや鉄がいいなとか。そのほうが環境にもいいと感じれば使う度

に気分もいいので、さらに愛が増幅する。

そういう心地よさの中で、おしりふきを湯水のように使っている自分に初めて違和感が生まれた。いきなり完璧は難しい。いろんなバランスを見て、消耗品だと割り切って付き合っていくものもあっていいけれど、今のおしりふきの使い方はあんまりよくないとわかるので見直す。

70日目……本『アメリカン・スクール』

小島信夫『アメリカン・スクール』〈新潮文庫〉。

保坂和志著『試行錯誤に漂う』〈みすず書房〉を読んだ後、芋づる式に選びたくなった本。読み始めたばかりだけど「もってかれる」感じがある小説。なぜ「もってかれる」のか、それは言葉で説明できるようなものではないし、説明せずにいたい。言葉ではない形の体験、思い出として記憶し

たい。

わけのわかる文章を書かねば、という強迫観念がずっとあった。でも、わけがわかることと伝わることは違う。わけがわからないけど伝わる、でもいい。それで最近、やりやすくなった。

1日1つモノを選べる自由より、どんな本を選んでもいいという自由のほうが不思議と大きく感じる。その本の世界にどっぷりと浸かることで暮らしは何色にも変化する。

71日目……遮光器土偶

ドーーーーーーーーン！

生活に、道具に、意味は必要だろうか？　必ずしもそうで

はない。機能的なアイテムのよさは身に染みている。でも土偶と暮らしたい私もいる。ずっと、100日間のどこかで土偶が登場するかもしれないないという予感はあった。100日目かなとも思っていた。それより少しだけ早く、その日はやってきた。

6年ほど前から縄文時代にハマっている。土偶とは何か。正解はないし、全部正解かもしれないけど、私の考えは人でも動物でもない精霊説に近い。目に見えないものにも命がある。遮光器土偶を見る時にいつも湧いてくる畏怖《いふ》の感情。「自然を、世界をなめんなよ」って感じがする。

おそらく、縄文人が合理的でわかりやすさや利便性を求める人々だったら、こんなにせっせと土偶を作っていなかったんじゃないか。私は慌ただしい時間の中ですぐ損得を考えがちなので、土偶みたいなものを部屋に置いて、「いけないいけない、縄文縄文っ」と心を落ち着かせていたい。生活を考える、というテーマにも土偶は必要不可欠なアイテムなのだ。

72日目……枕

今さら！

枕はスタートから1週間以内に絶対ほしい、という人もきっといるだろう。私はここまでなくてもいけた。でもあると、いざ使ってみると、最高だった。頭の守られ方がすごい。頭が癒される。ついに、私の睡眠が完成した。

なくてもいいけどあると最高。今まで生きてきて所持していたものも、ほとんどはそうなんだろう。本当はなくてもいいけどあると嬉しいから、最高の気持ちになるから、だから持っていたはずだった。でも忘れてしまっていた。「あると最高だから、持つことを選んでいる」って気持ちを覚えていたい。

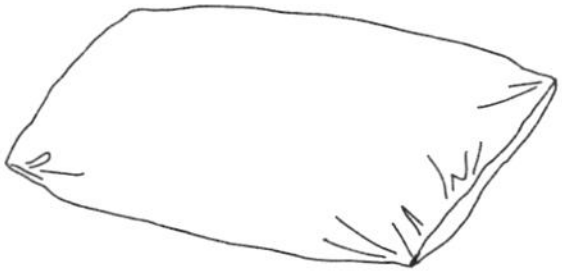

73日目……オイルヒーター

大物きました。やっぱり健康に直結するから、防寒アイテムはかためておきたい。オイルヒーターは中に入っているオイルをあたためて熱を発する仕組みだから、じんわりあたたまって空気を汚さないし乾燥もしにくくて好きだ。

寒いのに手持ちのアイテムでは寒さを凌《しの》ぎきれない、というのは非常に不安な心地で、できれば一瞬も経験したくない。すぐ鼻水出ちゃうし頭痛くなっちゃうし。最低限の温度管理ができて、やっとすこやかな暮らしが始まる。オイルヒーターをそばに置き、またひとつ安心することができた。防寒は生活の基盤。

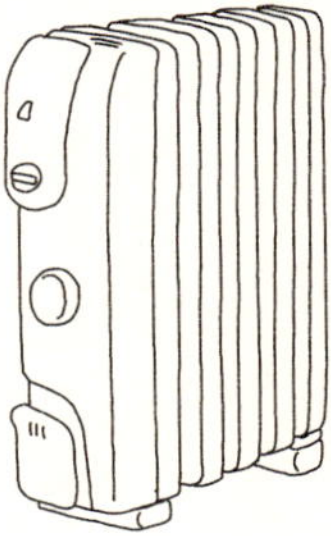

74日目……ボールペン

実はこの73日間、ほとんど文字を書かずにやってこられた。仕事などでごくわずかに人に借りる形でペンを使うことはあったが、それ以外のメモや日記はスマホ・パソコンで事足りていた。このままでも100日乗り切れそう。

でもなぜここでペンがほしいと思ったかというと、誰かに手紙でも書きたい気分になったからだった。全部で最大100アイテムしか選べないのにそんなのんびりしたことを言ってる場合か？　と思う自分もいる。それでもペンの物理的な書き味が恋しい気持ちを止められなかった。74日目にしてなぜそんなふうに思ったのかは、今週じわじわとわかり始める。

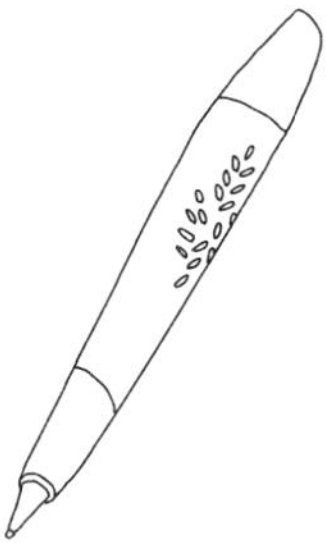

75日目……お風呂用洗剤

昨日ペンを出したけれど、まだ書くもの――便箋《びんせん》もノートもメモ帳も持っていなかったので、今日はそういった紙類を手に入れるのが欲望に対しての最速ルートのはずだった。

なのに私は結構気がそれるというか注意力散漫なタイプなので、今日になってみると今度はお風呂のことが気になった。掃除はしていたけれど、洗剤を使ってちゃんとしっかりやりたい。一度これがやりたい、これがほしいと思うと目の前のことしか見えなくなる。だからこの生活を始める前に試しに書き出してみた暮らしに必要な100個のモノと、実際に暮らしてみて取り出したものやその順序はかなり異なっている。

洗剤でしっかりお風呂を磨くと、偉人になった気分だった。手軽に偉人になれるアイテムだと考えると、お風呂用洗剤とは人生においてなんと満足度の高い品物なんだろう。

76日目……レターセット

誰かに手紙を書きたいと思うことが去年より多い。２０２０年、はっきりとコミュニケーションが変化した。でもそれだけじゃない。

ここ最近ずっと考えていることがある。それは「あっちの時間に行きたい」ということだ。この生活の初期、何もない部屋でスマホもパソコンもなく過ごした長い長い時間。今とは流れる速さがまるで違う。ぐぐぐ、と地球が回る音が聞こえそうだった。１時間が永遠に思えた。窓から虫の合唱と立体的な風が入ってきたあの夜。あの夜のことを何度も思い出す。滑り落ちていく時間じゃなくて、一瞬一瞬の粒の中に立ち止まることができた時間。いつも焦って生き急いでいたけれど、本当は両手に抱えきれないほどの豊かな時間を持っていたんだとわかった。

〝光を見るためには目があり、音を聞くためには耳があるのとおなじに、人間には時間を感じとるために心というものがある。そして、もしその心が時間を感じとらないようなときには、その時間はないもおなじだ。〟

（※出典：ミヒャエル・エンデ『モモ』〈岩波書店〉）

モノを手放して心の輪郭が見えた。心は時間をつかまえた。スマホをもう一度手にした時、この感覚を忘れずにいようと決意した。意図的に電源を切り、SNSのアプリを削除してみたけれど、結局は流されてすぐスマホ依存に戻ってしまった。こんなの予想できたことだ。だからといっていくら思い切った性格の私でも、スマホを解約することはできないだろう。

じゃあどうやって。とりあえず、「あっちの時間」を増やしてみたい。好きなパジャマを着る、ベランダで音楽を聴く、落ち着いてハンドクリームを塗る、本を読む。これらはすべて、あっちの時間のものだった。

「リラックスが大事」とか「ゆっくり過ごす」とかそういう言葉に置き換えるとむしろ

ピンとこない。私にはふたつの時間がある。AとBがある。あっちとこっちがある。あっちの時間に行ける道具を増やしたい。書き味のいいペンで文字を書くことと、誰かに手紙を書くことは、あっちの時間のものだ。ペンがほしかったのも、きっとこうした心の声だった。

77日目……お風呂用スポンジ

もっと、自分の歯を磨くのと同じ感覚でお風呂を磨きたくなった。これまでせっかちな時間と多すぎるモノに埋もれて見えなかったけれど、私と家はつながっている。

大きなリュックを背負っている時に、リュックの端っこが何かに触れると自分の体として反応するみたいに、家は自分の一部になっている。家を整えると、連動して気分も晴れた。そう考えてみると、実は掃除用具はセルフケア用品でもあるといえる。

78日目……フェイスシェーバー

眉毛とか顔のあらゆる産毛とかを剃《そ》りたい気持ちになった。自分にしかわからないくらいの変化だけれど、産毛を剃った後はシャキンと顔に緊張感が出る。こうやって小さなことでも気分を変えたりする行為が、暮らしにおいて切実に必要なことだとわかってきた。余裕があったらやりたいことではなく、かなり優先順位が高いことなのだ。

一方で78日間も放置して全然平気だったし、絶対処理しなきゃいけないものとも思っていない。自己満でいい。それ以上でもそれ以下でもあってはならぬ。指毛とかわいい指輪は共存できる。

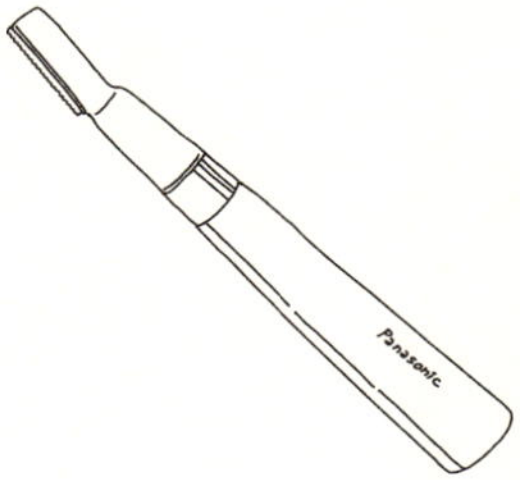

79日目……花瓶

これも、「あっちの時間」のもの。そういうアイテムを増やしたい。

1年に1度、毎年同じホテルに1週間泊まるのを楽しみにしているという知り合いがいる。お気に入りの部屋に到着してまずするのは、近所の生花店で花を買ってきてダイニングに飾ることらしい。いかにその1週間を慈《いつく》しんでいるかがわかる素敵なエピソードだなと思っていた。1週間後にはその場を去るとわかっていても花を飾る。それは、時間の中に心で留まろうとする営みかもしれない。私も今日という1日の中にしっかり入り込んで生きるために花を

飾りたい。今日の時間を祝福する花。植物と呼吸したい、花瓶のある暮らしがいい。
セイヨウヒイラギを飾る。ギザギザの葉っぱと赤い実が殺風景な部屋を華やかにする。
一気にクリスマスだ。

80日目……頭痛薬

とにかく頭が痛かった日。100日間もあったら具合の悪い日もある。そして具合の悪い日も暮らしは続く。チャレンジより体調が最優先だし、こういうのはカウント外でもいい気もするけれど、とにかくどんなものよりも薬だけがほしかったから今日のアイテムは頭痛薬になった。

この時初めて、他に何がほしいか考えるのすらしんどい自分を発見した。ということは、結構満たされてきているのかもしれない。もともときっと1万個とかそれ以上のモ

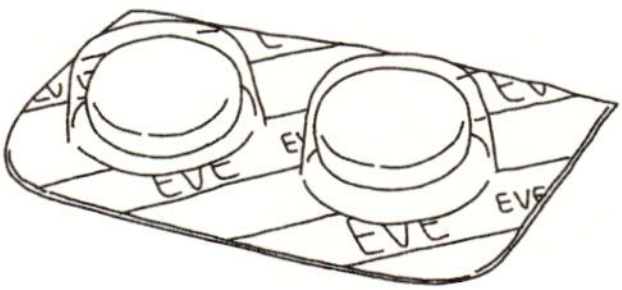

ノに囲まれて暮らしてきたのに、80個で満足し始めているなんて。1日1つというペースでやってきたことにも意味がありそう。ゆっくり食事するとお腹いっぱいになるみたいな。

81日目……小さいスプーン

大きいスプーンはもう手に入れていたけれど、小さいスプーンにしかできないことがある。それはプリンをすくうこと。そしてもうひとつ、忘れてはいけない重要な役割もある。それはアイスをすくうことだ。

それぞれの欲求にフィットする形がある。それがうまく合ってなくてもたいした問題ではないけれど、ぴたりとはまった時には、暮らしそのものが自分サイズにカスタマイズされた心地よさを得られる。体の形に合った服を着た時のようなしっくり感が、どの行為、どの道具にもある。

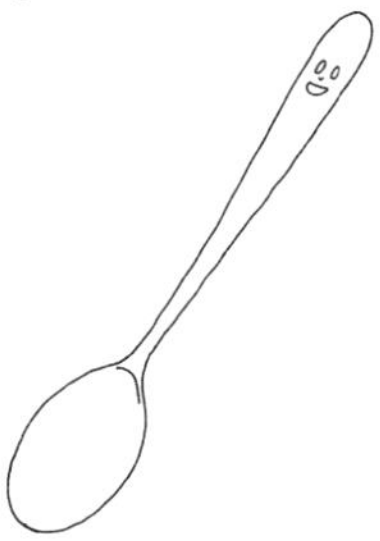

82日目……部屋着ゆるズボン

違う。先日追加したジーンズがきつくて穿けなかったわけじゃない。ジーンズを洗濯機に入れて乾燥させたら縮んでウエストがさらにきつくなった。何も違わないな。

パジャマのズボンも持っているし、家にいるだけならそれでもいいはずなんだけど、最近パジャマの効用に感動している私としてはパジャマと部屋着を分けたいと思った。欲張りかもしれない。

でもパジャマを着るってすごいことなのだ。今から寝ます！　という宣言であり、儀式。時間が切り替わる。別の時計になる。パジャマの聖域を守るためにも部屋着のズボンを取り出した。心もお腹もリラックスした。

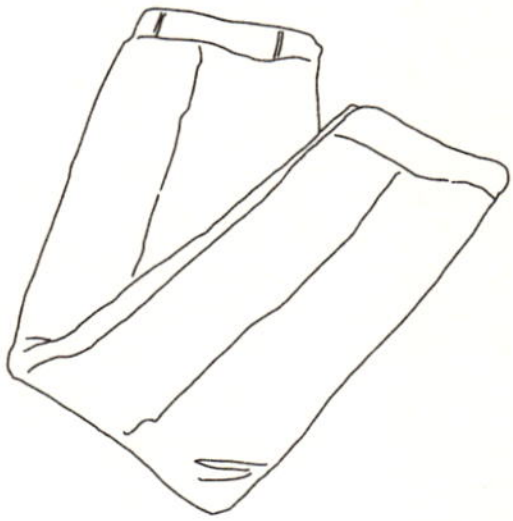

83日目……アイブロウパウダー

何気なく以前行ったシンガポール旅行の写真を見ていたら、この時の自分の顔のほうが好きだなと感じた。「シンプルライフに挑戦してメイク道具を減らしたら、すっぴんのほうが好きになりました」とはなりませんでしたわ。なるかと思った。

今の顔には明らかに何かが足りなかった。必要だったのはこれだったのだ。眉毛はある意味最重要だし、アイブロウパウダーって実は鼻筋とか顔の陰影、なんにだって使える。マッチ箱くらいの大きさに顔の材料の70％くらいが入っている。震えるほどスタメンであった。

リモート会議は風が吹かないから前髪で眉毛を隠せるし、これまでなしでもやってこられたのは偶然にすぎなかった。アイブロウパウダーは、要る。メイク道具は顔の一部

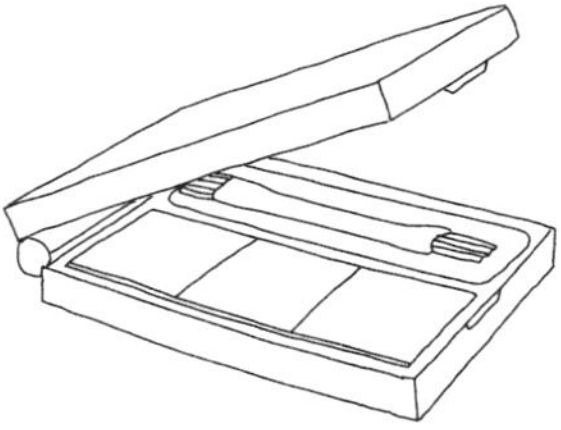

だ。

84日目……本『世界をきちんとあじわうための本』

ホモ・サピエンスの道具研究会『世界をきちんとあじわうための本』〈ELVISPRESS〉。

今の自分にぴったりと合う気がした。装丁もシンプルライフに似合う余白の美しいデザイン。何も知らないレベル0の人間に戻って過ごす毎日の新鮮さは強烈で、実感にあふれていた。でもまたこの感覚をすぐに忘れて、どこにも引っかからないつるつるのプラスチックみたいな感性に戻ってしまうかもしれない。自分なりにつかみかけた、世界をきちんと味わう方法を深めたくてこの本を手に取った。

ページをめくる。ふむふむ、当たり前だと思って無視していたものに気づくこと、意味ではないものに注目すること、か。「知ってる知ってる、シンプルライフやってっから」などと思っていると、すぐに足をすくわれた。「当たり前」の最初の例として出てきたのが「呼吸」だったからだ。呼吸！　すみませんでした。私はそんなところからはスタートしてませんでした。呼吸。何も持たずに暮らしを始めるより、もっと前。

本にはいつも、今知りたいことが書いてある。それは知りたいことが書いてある本を選んだからという単純な因果関係ではなくて、知りたいという引力がそこに答えを浮かび上がらせる作用もあるから。どんな生活をしていても師匠であり理解者として並走してくれる、それが本だ。

呼吸とは世界との関わり、かあ。うおー、そこからか。その境地もあるのか。この本を手に取ってよかった。80日を超えた私のシンプルライフチャレンジ、まだまだ味わえる深みがありそうだ。

85日目……粘着カーペットクリーナー

モノが少ない部屋で暮らし始めてから掃除が楽しい。いちいち家具を動かしたりして隙間に溜まったほこりを取り除いたりする必要がない。まず家具がない。モノが多いとどうも完全にはきれいになっていない気がして、常に心残りがあった。部屋を見渡して100％きれいになったとわかるから、掃除が快感になっている。

今や掃除は癒し。クリーナーはもはや娯楽グッズ。朝、カーテンを開けて寝具を白い太陽の光に晒《さら》し、無心でコロコロしていると何かが満たされていく。

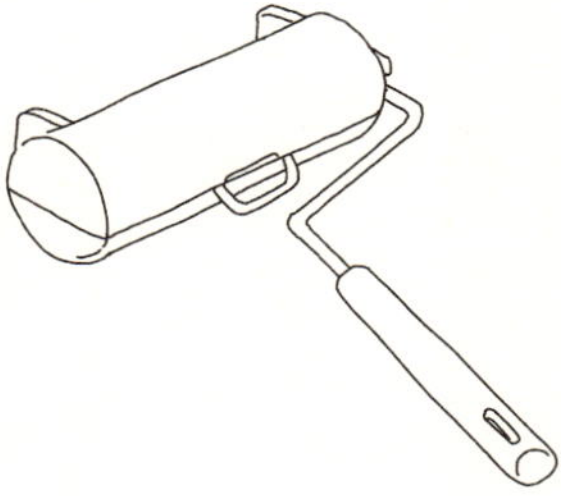

86日目……あらびき胡椒

ここ数年であらびき胡椒の魅力に気づいた。中華、イタリアンなどあらゆる料理に使えるし、自分の調理の腕ではたどり着けない刺激をいとも簡単に与えてくれる。

青椒肉絲《チンジャオロースー》にもカルボナーラにも合うのに、はちみつにも合う。すごいなあ。海外に住むと和食が恋しくなるから醤油を持っていくべし、というアドバイスを聞いたことがあるが、私は醤油のない国に醤油を持ち込むより、あらびき胡椒のない国にあらびき胡椒を持ち込みたい。あらびき胡椒がない国ってどこだろう。

柿生ハムクリームチーズにあらびき胡椒。晩酌《ばんしゃく》のお供に

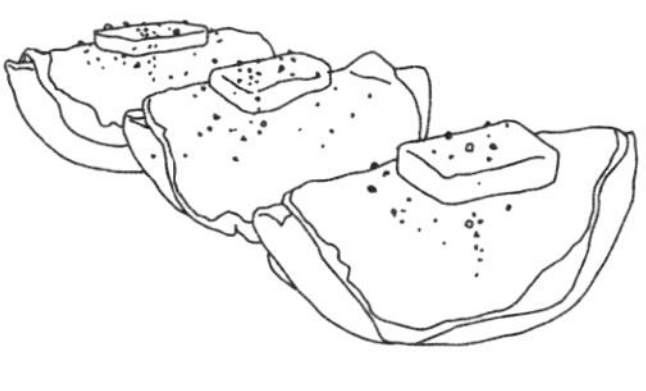

自分のためだけに作ったのに家族に見つかって、おいしそうと言われたからあげた。なんと、時間をかけて包んだ生ハムを剝がして食べていた。おおおおおおおおお（龍神が目覚める声）。

87日目……酔い止め薬

長時間車に乗る機会があったので、突然100アイテムに滑り込んできた。

100日間のチャレンジで手に入る100のアイテムは、イコール私に必要なもののオールタイムベスト100ではない。似ているようでちょっと違う。なぜなら移りゆく季節の中で、生身の人間が本当に暮らしているから。

酔い止め薬は私に必要なものだけど、もしこの100日たまたま車に乗る機会が少な

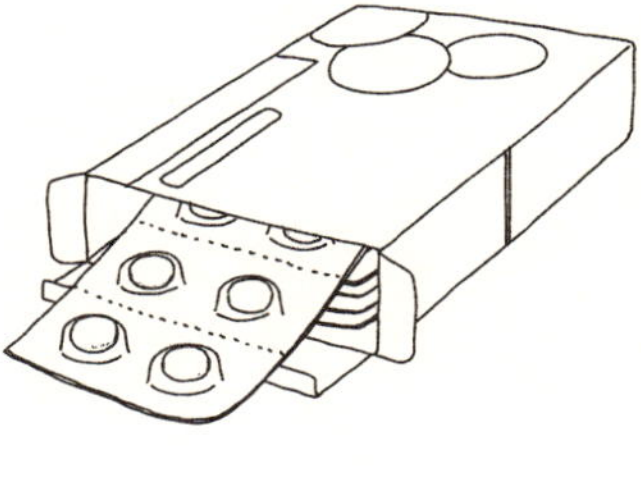

かったら登場しなかっただろう。取り出したおかげで無事、快適に過ごせた。

必要な薬を手元に置いておくというのは、効能だけでなく大きな安心感にもつながる。自分のことをちゃんと知っている、大事にしている、ということのしるしでもある。

88日目……電気調理鍋

無水調理もできる電気調理鍋。食材を切って調味料と一緒に入れて、メニューを選びスイッチを押せばあとは放っておくだけ。料理は結構好きだけど、他の家事や仕事をしながらだと火を止め忘れてスープの汁が全部なくなり、鍋底に焦げたにんじんがせつなく張り付いていることもしばしば。火を止めなきゃとわかっていても、その一瞬さえ身動きが取れないこともある。

放っておけるありがたさ。例えば日曜日の朝、5分で材料を入れてスイッチを押し、

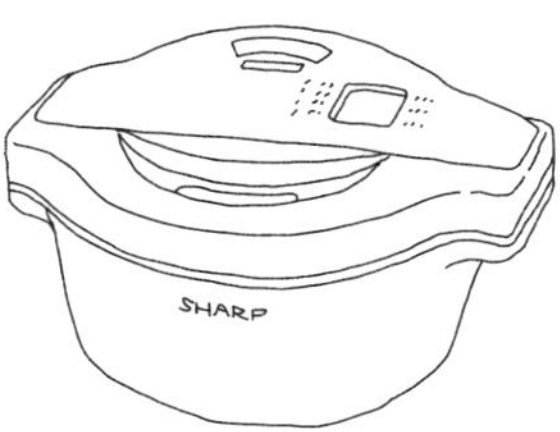

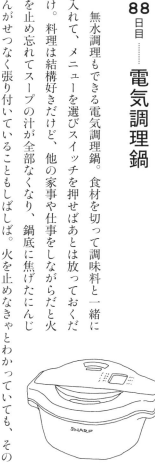

そのまま公園に出かけてしまう。すると帰宅してすぐ出来たてのカレーを食べるなんてこともできる。ありがたや。

シンプルライフの中で持ち物をシンプルにすることを学んだけれど、同時に暮らしの行動をシンプルにすることも意識するようになった。といっても、大切なのは一律で効率化するのではなくカスタマイズすること。それは、鍋はひとつあればいいという数の究極ではなく、便利家電は要らないという丁寧さへの挑戦でもなく。私らしく心地よく、手触りのある生活を続けていくためのカスタマイズ。

89日目……綿棒

耳掃除が大好きなのに意外と遅くなってしまった。好きなこと、気持ちがいいことは、積極的に取り入れていきたい。暮らしは我慢大会ではないし、しみじみ嬉しいことのために生きているから。

100日間のうちに使う綿棒の数はそんなに多くない。しかももう89日目。これから使ったとしても数本だろう。だとしてもたった数本の綿棒が私に与えてくれる爽快感は決して小さいものではない。もしも必要な順ではなく心地よい順に道具をチョイスしていったら、もっともっとストレスの少ない生活が出来上がるのかもしれない。心地よさは必要不可欠だし、自分が自分のために心地よさを大切にしているという事実も重要だ。

90日目……味噌

液体味噌を選ぶこともシンプル行動のひとつ。だしの入った液体味噌はかなり便利。

家族の中で味噌汁を好きなのが私だけということもあって、こだわりのお味噌を買ってもいつも使いきれず。液体味噌は溶かなくていいし、炒め物や煮物、和え物にも使いやすい。

本格的に寒くなってきたので豚汁を作るぞ。豚汁のことを考えている時だけは、100％冬が楽しみに思える。調味料ひとつで気分は変わる。

91日目……ワンピース

初期は効率を考え、洗濯機でガシガシ洗える服しか選べなかった。最低限の服がそろっていることと、残り日数が少ないことで、やっとおしゃれ着的な冬のワンピースを取り出すことができた。

とはいえ外で着るのではなく、友人とのオンライン忘年会の際などに着用することになりそうだ。見えないのをいいことに下には部屋着ズボンを穿くだろう。

これをもし外に着ていくとしたら、ワンピースに合うタイツ、合うコート、合う靴、合う鞄が必要になってくる。もしかしたら合う指輪、合うイヤリングも。100日後にそれらが一気に手に入った時、ひとつひとつに幸せを感じすぎてどうにかなるかもしれ

ない。１００日経ったら終わりじゃなくて、１００日後になんでもある生活に戻ってからの心境の変化も楽しみだ。

どうしよう、リミッターが外れていきなり福袋を買ったりしたら。ちょうどシーズンだし。福袋、シンプルライフの人が一番買わないやつ。いや買いませんよ。多分！

92日目……郫県豆瓣《ピーシェンドウバン》

四川料理の基本の豆板醤《トウバンジャン》。スーパーで売っているこれ以外の豆板醤では、なかなか本場の味が出ない。郫県《ピーシェン》（現在の成都市郫都区《ひとく》）というところで作られているこの郫県豆瓣《ピーシェンドウバン》は、唐辛子やそらまめなどの具がごろごろ入っていて深みとコクがある。

普段は東京・大久保の中華食材店や通販などで購入して常備し、ほぼ毎日使う。和食より四川料理のほうが多い家庭なので食べ慣れたけれど、私にとってはまだどこか旅の

ロマンを感じる調味料だ。毎回、ちゃんと中国のレストランの味がすることに感激する。日常に旅のエッセンスが馴染んでいるのは、私の暮らしのスタイル。

93日目……洗えるペーパータオル

69日目の記録で、アイテムとしてカウントしていないおしりふきを、ウェットティッシュ代わりにして家じゅうなんでも拭いてしまっている、というズル且つ非エコな告白をした。

ぞうきんや台ふきんが苦手だ。きれいに洗っても生乾きだと臭いがあるし、衛生的じゃない気がしてしまう。漂白剤につけておくなどの手入れもどうしても面倒。わがままを言っているのはわかる。そこでそんなずぼらな私をほんの一歩だけサステナブル（持続可能）な答えに近づけてくれたのがこの「洗えるペーパータオル」だった。

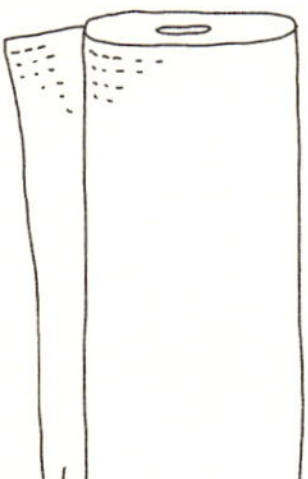

まずは洗って繰り返し使う。ペーパータオル自体の汚れが気になってきたら潔く捨て

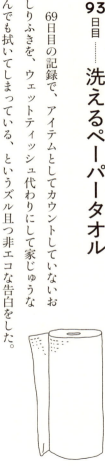

る。台所だけじゃなくて洗面所やその他ほこりの溜まりやすい場所などでも活躍しそうだ。

無理なく続けられるように／心地いいように道具や生活の行動をカスタマイズして、他の誰でもなく自分にとってちょうどいい環境を作る、というのが私の目指すべきシンプルライフなのかもしれない。それが仮に五角形のチャートにした時、ひどくいびつに見えたとしても。

94日目……鎮江香醋《ジェンジアンシアンツゥ》

中華料理で酢といえばこの黒酢のイメージ。酸味だけじゃなくコクや深み、香ばしさも出る。普段の炒め物にもよく入れるけれど、正直、黒酢自体はマストアイテム１００

個に入るほどでもない。

なのになんでここで登場したのか。それは、どうしても台湾風の鹹豆漿《シェンドウジャン》が飲みたかったから。豆乳に酢を入れると、ちょっとだけ固まってゆるいおぼろ豆腐みたいになる。この変化が好き。とろとろの豆乳をかきまぜている時、人はやさしい気持ちを取り戻す。いらいらしながらおぼろ豆腐を作る人なんて、絶対いない。

最近、おいしそうでおしゃれそうな台湾料理屋さんが続々オープンしているらしいのに全然行けてなくて、どうしてもこのスープが飲みたくなった。油条《ヨウティアオ》（揚げパンみたいなもの）の代わりに油揚げをカリカリに炒めてのせてみたら大正解だ。ナイスアイデア。とろサクじゅわっとほおばる度に、作った自分を褒めながら完食。作りたいものを作るって、それだけで自己肯定感が上がる。

95日目……テレビ

今日、12月20日はM－1グランプリ決勝戦の日だ。最近は見逃しネット配信などもあるので95日目まではテレビがなくてもなんとかやってこられたが、M－1だけは絶対にリアルタイムで観たかった。

２０２０年は他のどんな年よりもお笑いに支えられた1年だった。毎週欠かさず聴くラジオ番組も増えたし、ＹｏｕＴｕｂｅで毎日のようにコントを配信している芸人さんたちの情熱に励まされた。そういうものに触れていると、世界が変わっても人間の灯は消えていないと思えた。

1日中つけっぱなしにするとさすがに疲れるだろうけど、観たいものを選んで視聴している限り、テレビは豊かな時間の敵ではない。私の生活習慣的にはスマホのほうが何

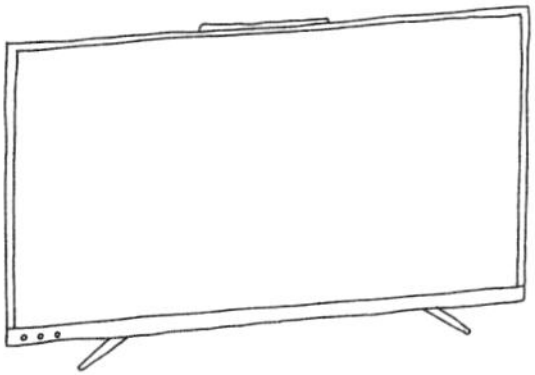

倍も時間泥棒だ。

96日目……花椒《ホアジャオ》

四川料理に欠かせない、しびれ担当の香辛料。四川省出身メンバーの多い我が家ではメジャーなスパイスで、96日間もこれを使わなかったのは珍しいことだった。花椒を解禁し、さあ、しびれうまい料理を作るぞ！　とキッチンに立とうとしたら、家族が先に麻婆豆腐と水煮牛肉《シュイジューニュウロウ》を作っていた。私のシンプルライフで迷惑をかけないように、なるべく自由に過ごしてもらっていたけれど、花椒だけは知らず知らずのうちに我慢させてしまっていたようだ。

舌と鼻に心地よいパンチ。しびれは面白い。おいしいだけじゃなくて、食べていて楽しい。

スパイスは、味覚はもちろんのこと、日常そのものにも刺激を与える。

97日目……日焼け止め下地

いつもなら日焼け止めは季節に関係なく年中塗っている。初期にも日焼け止めの存在が頭をよぎったが、外出時はマスクで隠れるしいいか、と保留にしてきた。でもよく考えたら、マスクをしているからこそ日焼け止めを塗ったほうがいい。顔の上部と下部で色が違ったら面白くなってしまう。気づくのが遅かったが、気づいてしまったらもう、いてもたってもいられなくなった。

このクリームは下地としても優秀で、塗ると顔がパアッと明るくなる。鏡を見て「顔あかるっ!」と思った。顔に専属の照明係がついた。ほぼすっぴんで過ごす気持ちよさも、メイクで作る晴れやかさも、やっぱりどっちも好きだ。

98日目……ラップ

今さらすぎる大事なものシリーズ。電子レンジがないから食べ残しが減る、食べ残しがないとラップの需要が下がる、という連鎖があった。必要以上に使わないようにしようと心に誓いつつ再会。

電子レンジってシンプルライフ前は毎日必ず使っていたけれど、なければないで全然困らないもの第1位だ。あたためたければフライパンで焼いたり鍋で蒸したりすればいいし、そのほうがおいしい場合が多いのも発見だった。特に冷凍のたこ焼きは、レンジでチンするより多めの油で揚げ焼きにするほうが断然おいしい。肉まんも言わずもがな、蒸したほうがふかふか。

電子レンジよ、全然なくていいぞよ。でもあったらあったでまた毎日使いそう。現金

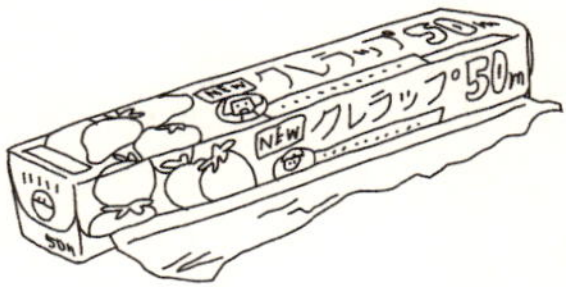

な私。

99日目……オーブンレンジ

前日さんざんレンジは要らないと言いながら、その舌の根の乾かぬうちにオーブンレンジ。でもでも、レンジ機能のためじゃない。今日は12月24日。クリスマスは1年で最もオーブンが活躍するシーズンだ。ケーキを焼き、チキンを焼き、パイを焼く。いっそがしい。

なくてもなんだかんだ乗り越えられたのかもしれないけれど。クリスマスって乗り越えるものじゃなくて準備するのが楽しいものだからなあ。オーブンは言うなればクリスマス準備ボックス。

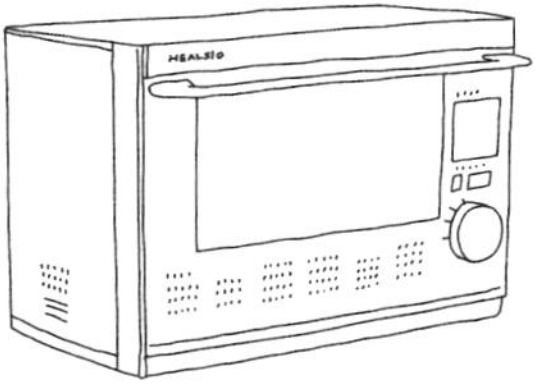

あと、素敵なレシピを見つけてどうしても試したくなった。ＤＪみそしるとＭＣごはんさんの、パイシートで作るクリスマスオードブル。お手本より膨《ふく》らみが足りないけれど、私にしてはよくできたほう。星の型抜きがないから包丁で無理して切った星がいびつで愛おしい。毎年の恒例にしたい。

100日目……家族へのプレゼント

メリークリスマス。もう何も要らない。今日ほしいのは楽しいクリスマスの時間だけ。誰かにプレゼントをあげるのは、自分がもらうよりずっと嬉しい。

もう気づいていた。十分満たされている。そして、何かを欲するのにも疲れてしまった。１００個なんて全然足りないと思っていたのに。モノが増える度便利になっていき、１日目より１００日目のほうが断然幸せなのだろうと予想していたけれど、最後はもう

何かを得ることから逃げ出したくなっていた。

無意識になんでも手に入れていた頃は麻痺《まひ》していたが、1日1つというペースにしてみて気がついた。心から何かをほしいと願うのは、結構カロリーが高い。本来エネルギーが必要な行為を、効率と惰性のために心を無にしておこなってきた。そんな日々の中でゆるやかに感性が閉じていったのは無理もないことだ。

もうほしくない、と言いながら、まだまだ足りない当たり前のアイテムもある。鞄も財布も取り出さなかった。だからといって今後も私に必要ないものというわけではないけれど、なくてもなんとかなるという実感を得られたのは大きい。手ぶらでも不安にならない。素の自分が強化された感じ。なくてもいいのに所有するんだったらよほど気に入ったものじゃないとね。選び方も変わるだろう。

101日目

シンプルライフを実践していた家からもとの家に戻った。部屋に入ると、これまで適当に欲して、最後まで責任を取らなかったたくさんのモノたちからの視線を感じる。なんかおしゃれそうで買ったけれど使いにくい、木の皮を編んだカゴ。かわいくて捨てられない輸入ビールの缶。使ってないのにずっとキッチンにあるガラスのティードリッパー。パスタの入っていないパスタケース。

やめて、見ないで。ごめん。私が意識をかたむけられるものの数には限界があったのだった。目を合わせてお別れしていこう。シンプルライフチャレンジ101日目。これから新しい旅が始まる。

COLUMN

100日間を終えて、ランキング発表！

100日間なくてもよかったものランキング

1位 電子レンジ

2位 ハンガー

3位 炊飯器

4位 鞄

5位 財布

その他、トースター、傘など。傘が要らなかったのはただのラッキーです。

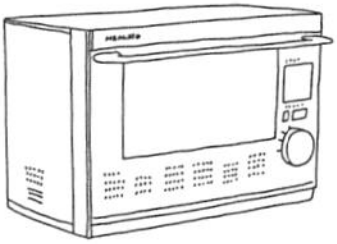

手に入れて便利だったものランキング

1位 洗濯機

2位 全身シャンプー

3位 リバーシブルの服

4位 冷蔵庫

5位 電気調理鍋

100個というしばりの中で、ふたつ以上の役割を兼ね備えているアイテムは大正義でした。

100日間で手に入れたアイテムの内訳

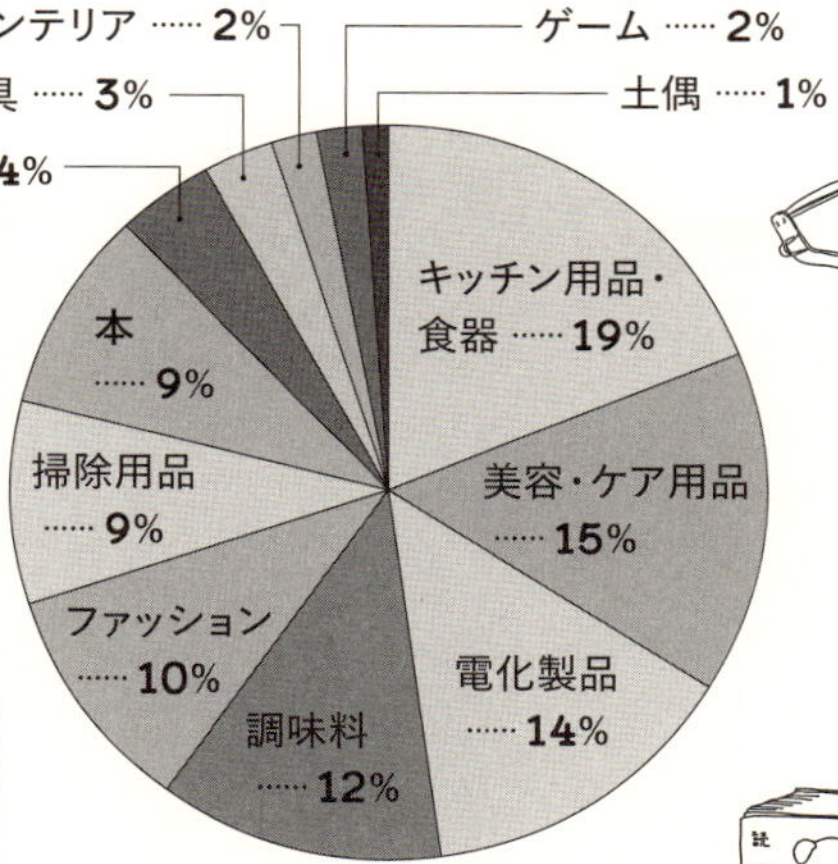

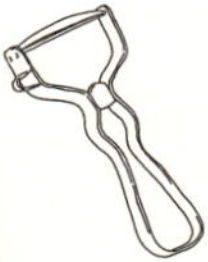

心が欲したものランキング

1位　本

2位　イヤホン

3位　土偶

4位　花瓶

5位　ボードゲーム

最初は数が限られているからなるべく分厚い本を……と思ったのですが、だんだん自分の欲求を優先するようになり厚みは関係なくなりました。やりたいことができなければなんのために暮らしているかわからなくなります。

第2部

100日間を通して発見したこと100個

——「減らす」のではなく、
「1つずつ増やす」からこそ気づいた、
「モノ」の意外な価値や暮らしの理想

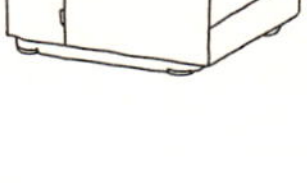

衣

服や靴にまつわる発見

着る、履く、おしゃれをする、暖をとる、洗濯する

◎靴は世界を広げる

これまで、靴《くつ》はちょっと便利なファッションアイテムのひとつ、くらいに思っていた。たくさん歩く日はスニーカー、このワンピースには黄色いパンプス、雨が降ったら長靴が便利、といった具合に。

靴があることが当たり前で、靴がないという状況について考えたことがなかった。0足から1足になった時に感じたのは、靴は革命的な道具だということ。靴がない世界は狭かった。どんな靴にしようかなという選択肢以前に、まず外に出られない。靴があって初めて家の外に出られる。靴を持つということは大げさでなく進化だった。

最大100アイテムというしばりの中ではきっと何足も持てないな、と考えて選んだ

のは白いスニーカー。よく着る服や行く場所を思い浮かべた時の、最大公約数的なチョイスだった。汚れるのはちょっとこわいけれど、洗いやすい素材だから大丈夫。なにより、さあ外に出るぞ！　という気分の時に白は一番さわやかで頼もしく、どこにでも行けちゃいそうな色に思えた。

◎1着のパジャマが朝と夜を変える

シンプルを極めるため、兼ねられるものはとにかく兼ねるという方針だったけれど、パジャマには他の服に置き換えられない魅力があった。

まず、好きなパジャマが1着あるだけで、「お気に入りのパジャマで過ごすいい夜」と「お気に入りのパジャマで過ごすいい朝」が得られる。パジャマを着ると夜の始まりで、パジャマを脱ぐと1日の始まり。パジャマには他の衣類には代えられない儀式的な役割が備わっている。パジャマを着ることは、さあ寝ましょうね、さあ今日を始めましょうね、と自分をいたわったり応援したりするような行為でもある。

シンプルライフで見えてきた暮らしの輪郭。理想とするすこやかな生活に必要なのは、時間の流れに自覚的になることだった。無理なく健康的に時間の流れをコントロールし、気持ちをリラックスさせてくれるパジャマは私の生活必需品だ。

◎いつも同じ服を着ていると思われてもなんの問題もない

人の目が気になる性格だ。また同じ服着てるって思われたら嫌だな、と常に考えていた。人前に出る仕事も多いので、これはあの時も着たから……と、好きなのにそれ以降封印してしまう服もある。

そのくせ、今日会った人がどんな服を着ていたかは全然思い出せない。興味はある。おしゃれだなあ、という感想は持ったけれど、思い出そうとすると何色だったかすらよくわからない。きっと私のような人は多いと思う。

よく考えてみると、同じ服を着ていると思われたくないというよりも、自分自身が同じ服を着ることに飽きていたのだった。ものすごく飽き性で、とても気に入って買ったのに2回くらい着たらすぅっとときめきが色褪《いろあ》せてしまった、ということが何度もあった。人の目を言い訳にしていたけれど、本当に向き合うべきだったのはなぜ飽きてしまうのかという自分の問題だったのかもしれない。

また同じ服着てる、といちいち思うほど、おそらく人は他人に興味がない。もしも、また同じ服着てるね、と言われたら「そう、スティーブ・ジョブズ目指してる」とか言っておけばいい。2回で飽きてしまう服をとっかえひっかえ着ているよりも、いつも文句なく好きでいられる服を大事に堂々と着ている自分になりたい。

◎本当に好きな服は毎日着ても飽きない

このことに気づけてよかった。私はどうせ飽き性だから、何度も同じ服を着たら飽きてしまうのが当たり前だ、と感じていた。

でも違った。1日1つずつしかアイテムを取り出すことができないので、何を選ぶかは時間をかけて真剣に考える。おでこにふわっと浮かんだアイデアではなく、みぞおちの奥から湧き上がる「我、これを欲す」みたいな要求に耳をすまし、自分と相談してひとつひとつ決めていった。そうやって選んだ服は本当に好きな服だったし、本当に好きな服は毎日のように着ても全然飽きなかった。

ここでいう「本当」とは、自分もまだ発見していなかった真実のこと。まだ気づいていない、というよりまだ生み出していない「真の好き」があった。これまでは悩んでいる時間が無駄だと思っていたけれど、自分に必要かどうか考える時間は、かければかけるほど選んだものへの愛に変わる。悩むことで好きの形がはっきりして、どうして好きなのかがわかると愛着を持つことができる。

◎好きな服の形を知ることが重要

私はパーカーが好きだ。おばあちゃんになってもパーカーを着たい。今回そのことを改めて実感した。いつも以上にパーカーを着ていたけれど、その間ずっとパーカーが好きだった。フードを被ればいつでもひとりになれる。できれば、というか絶対、ポケットがついているやつがいい。

服を1000着持っているよりも、本当に好きな服の形を知っていることのほうが重要だったりするのかもしれない。好きな色でもいいし、好きな丈でもいい。自分の体にぴったりしっくりくるもの。

形って大事だ。暮らしの形、自分の形。目に見えない曖昧なものにも、変化しながらだけどきっと形はある。そこにパズルのピースみたいに、ぴたっとくる道具を組み合わせていくようなイメージ。暮らしは私と道具のパズルでできている。

◎服が多いから60点の服ばかり着てしまう

シンプルライフでは、服は選ぶほど持ってないから選ばなくていい。洗い上がっているものを着るだけ。服選びをスキップできるというのは、家事がひとつなくなるくらい軽やかだった。

誰にも会わない日でも、何を着るか少しは迷う。家で大事な服を着てヨレヨレにしてしまいたくない。でも気の抜けた服ばかり着ているとやる気も出ない。長いと10分くらい悩んで、結局よそ行きと部屋着の間みたいな、どうも思ってないけれどひどすぎない60点くらいの服に落ち着く。悩んだ末に60点はつらい。その繰り返しでほんの少しずつ自分を大事にできなくなっていくんだとしたらもっとつらい。

ずっと白が着たかった。好きな色だし、顔色もよく見える。着るレフ板。でも醤油《しょうゆ》をこぼすことにかけては右に出る者がいない私なので、ずっとためらってきた。シンプルライフではあえて白いパーカーを選び、手持ちの服が少ないからこの白いパーカーを着るしかない、という状況を作ってみた。汚すのこわいな〜どうしようかな〜と思わずに、有無を言わさず白を着る生活。

気持ちいい。好きな服しかないと好きな服を着るしかない。毎日同じような服を着るといっても、学生時代の制服と違うのはそういうところだ。

◎服を減らすなら洗濯に強いことが重要

初めのうちは2着くらいでやりくりしていたので、毎日洗って回転させていけることが第一条件だった。これまで洗いやすさを基準に服を選んでこなかったため、手持ちの服は一度洗っただけでピタピタに縮んでしまいそうな服や、破け散ってしまいそうな服、プリーツが無に帰してしまいそうな服ばかり。

もちろん、繊細なレースがついているようなたまのおしゃれ着も大切だけど、まずは基本の丈夫な服をそろえて、その上でクリーニング店にしか頼めない服は1、2割ぐらいがいいのかも、と思うようになった。これまでは8割が洗いづらい服で、結局2割の丈夫だけどどうでもいい服をよく着てしまっていた。タフな服を選ぶということは、長い目で見て付き合っていける服を選ぶということ。心地よさの基盤になるし、エコでもある。

◎洗濯機の本質は脱水機能にある

洗濯機に再会した時、改めて一番尊敬したポイントは脱水機能だった。手洗いの場合、水を絞りきれず乾くまでに時間がかかりすぎるばかりか、絞れば絞るほど服がしわしわになるという問題に悩まされていた。絞りたいけど絞りたくない。私はどうしたらいい。遠心力を使って水気を切るという洗濯機の仕組みは絶妙なんだなと思った。私にはできない。

乾燥機能もついているため、汚れた衣類を入れてから3時間ほどでまた着られる状態に戻してくれる。手洗い作業の時間と乾くのを待つ時間がカットされ、洗濯機に自由時間をプレゼントしてもらった気がした。乾燥が完了した服やタオルはホカホカで、それは別にそういうサービスじゃないというか、単に乾燥させるために熱が必要だっただけだとわかっていても、洗濯機からの愛に感じる。洗濯機をリスペクトでき、さらに愛も感じられたので、一旦別れてみてよかった。勘違いかもしれないけれど洗濯機と両想いになれた。

◎ポケットがあれば鞄は要らない

100日間鞄《かばん》なしで生活してみた。これはリモートワーク中心で出張もない時期だったことや、買い物をネットスーパーに頼っていたことなども大きい。以前から電子決済派なので結局財布も取り出さなかった。

というこことで少し出かけるくらいなら、ポケットのある服を着ていれば鞄は必要ないと思えた。逆に言えば、鞄を持たないならポケットは必須だ。ポケットのある服には小さいポシェットひとつぶんの価値が乗っかっている。

今後、よっぽどのことがない限りポケットのない服を買わない気がする。シンプルライフを始めて、常に身軽じゃないと落ち着かなくなった。この期間中にもし荷物を持って遠くに出かける用事があったら、マザーハウスの革のリュックを取り出そうと思っていた。やっぱり両手が空くのが好き。

◎防寒が最優先

チャレンジを始めたのは9月中旬。まだ夏に近いぐらいの時期から最後はクリスマスと、100日の間に季節が大きく変化した。ひと雨ごとに気温がぐんと下がっていき、あれよあれよという間に冬の気配を感じるようになった。昨日は暑かったのに今日は寒いぞ、そしてまた暑い！　という急な寒暖差もよくあった。明日はお箸を手に入れて……と考えていても、まずい、寒いかも、と思うと計画は帳消し。とにかく防寒具を手に入れないといけない頭になる。

末端冷え性で、寒いとすぐ頭が痛くなり、冷えが長時間続くと扁桃炎《へんとうえん》になる。体調を崩す時、それはたいてい寒さから引き起こされる。防寒服か、毛布か、ストーブか。何がなんでも防寒アイテムを手に入れないと、他のすべての活動に支障が出る。こんなふうにいつも急に、防寒具は優先度1位にスンッと躍り出る。とにかく寒さをしのげ、話はそれからだという状態になるのだった。

食

食事にまつわる発見

食べる、飲む、料理する、盛り付ける、保存する、味をつける

◎冷蔵庫はタイムマシン

当たり前だけど、冷蔵庫がないと食べ物を保存することができない。すなわちその日に食べるものをその日に確保し、しかもその日に食べきらなければいけないということで、これが思っていた以上に面倒だった。急に無人島でサバイバルしているかのように食べ物のことで頭がいっぱいになる。冷蔵庫を失うと、即その日暮らしが始まり、食生活の時間軸に過去と未来がなくなった。

冷蔵庫を導入した時に一番感じたのは、もう食べ物の時間にしばられなくていい！という解放感だった。パアァと目の前が開けたように「未来」「予定」「計画」という言葉が入ってきて、人間が時間の概念を発見した時のような革命的な気分になった。今日

中に食べなければ腐ってしまっていたかもしれない食べ物を、明日か明後日まで食べることができる。消費期限が迫ったお肉は冷凍庫に入れれば延命可能。これってほとんどタイムマシンと言ってしまっていいと思う。冷蔵庫に食べ物を入れることは、食べ物を未来の自分に送ることだった。

◎バナナが便利すぎる

バナナってちょっとすごすぎる。携帯性に優れ、小分けにできて持ちやすい形。皮は剝《む》きやすく、手が汚れていても食べられる。酸味の少ないまろやかな味で、タネもほぼない。常温保存できて、見た目で食べ頃や腐りかけをお知らせしてくれる。

包丁も食器も冷蔵庫もない時にはかなり助けられた。何これ。神様、気が利きすぎてない？　シンプルライフオフィシャルフルーツ？　などと思って調べてみたら、現在のバナナは人間によってかなり改良されたものだとわかった。神じゃなかった。野生のバナナの写真を見てみると、大きな種がぼこぼこ入っていた。

でも、「小分けにできる」「剝きやすい」という部分はバナナ本来のものみたいだし、葉っぱも丈夫で昔からお皿や蒸し料理に活用されてきた。そう考えるとバナナはやっぱりもともと結構すごい。

さらに資料を読んでいると、アダムとイヴが食べた禁断の果実ってりんごのことじゃなくて実は多分バナナ、という説まで見つけた。シンプルライフに挑戦しなかったら、きっとバナナを見直すことも、禁断の果実の真実について考えることもなかっただろう。当たり前の景色の中に驚きが隠れている。

◎電子レンジはなくてもいい

必需品だと思っていたのに、なければないで全く問題なかったもののひとつが電子レンジだ。根菜を調理前にやわらかくしたり、冷凍食品や残りものをあたためたり、普段は毎日幾度となく使ってきた。

でも正しい調理法を知れば、野菜をやわらかくすることはそう難しいことではなかったし、実はフライパンで調理したほうがおいしい冷凍食品もたくさんあった。残り物は鍋であたためればいいだけ。

しかしここで問題が。残り物をあたためることでその鍋を洗う手間がひとつ増える。たったひとつでも、そのひとつが面倒。だから最終的にどうなったかというと、残り物自体が自然と減っていった。なるべくその日に食べてしまったり、ちょうどいい分量だけ作ることにしたり。残り物がないと冷蔵庫がかなりすっきりするし、ラップも使わなくてよくなる。電子レンジをなくすことで思った以上に多くのよい影響があった。電子レンジのバタフライエフェクトと呼ぶことにする。

※バタフライエフェクト……些細なことが様々な要因を引き起こした後に、大きな事象の引き金につながることがあるという予測不可能な現象のたとえ

◎おたまはひとつあれば十分。すべてのものはだいたいそう

シンプルライフに挑戦する前は、おたまを8つも持っていた。どんどん買い足していったという実感もなく、生きていたら自然と集まっていたのだ。そんなわけないんだけど、そんな感覚だ。おたまが8つもあれば引き出しはいつも大混雑で、ガッと引っかかっていらいらすることもしばしば。

ほとんど何も持っていないところからスタートしてついにおたまを手に入れた時、なんて便利なんだ！　と思った。そうそう、この角度で、この量の汁を！　すくいたかった！　かゆいところに手が届く喜びに思わず目を見開く。おたまを8つ持っていた時には、皮肉なことにおたま本来の素晴らしさを忘れていた。ああ、ありがとう。こんな便利なもの、ひとつ使わせていただければ十分。ひとつしかないからこそ愛せるし、ひとつしかないからこそよさを忘れずにいられる。

◎炊飯器はマストではない

炊飯器っていかにもキッチンに必須な電化製品、という雰囲気を醸し出しているけれど、本当は私の生活に必要なものベスト100に入るほどでもないと気づいてしまった。

鍋で米を炊くのって、細かい水加減や火加減が面倒なのかもという思い込みがあった。でも意外に適当でも大丈夫。鍋に米と同量の水を入れて火にかける。ふっくらしてきたな、と思ったらできれば蓋《ふた》をして少し放置して蒸らす。木べら（竹へら）を鍋の上にのせておけば汁を吸ってくれるので、吹きこぼれることもない。しかもなんかこのほうがおいしい感じがする！　毎日がキャンプの飯盒炊爨《はんごうすいさん》のよう。

だけど、100日間を終えた今も炊飯器なしの生活を送っているかというと……実はそうではない。炊飯器導入済みです、すみません。小さい子がいると鍋を火にかけたままキッチンを離れるのが不安だったり、料理の際に鍋とコンロをひとつ埋めてしまう不便さがあったりして、スイッチひとつで放っておける炊飯器のもとに舞い戻った。炊飯器が必要かどうかはコンロの数にも大いに左右されるだろう。とはいえ、いざとなったらいつでも鍋で炊こうという気持ちになれたのはよかった。

◎トースターなくてもいい説

100日間を終えて、これはなくても暮らしていけたな、と思った道具がいくつかある。財布、炊飯器、ハンガー、鞄、トースターなどなど。そのうち、100日間が終わった後もないまま過ごしているのはトースターだけだ。

電子マネー派だけど、木の棚で野菜を売っているような無人販売所が好きなので小銭入れとしての財布はまだ必要だし、鍋でも米は炊けるけれどスイッチを入れて放っておける炊飯器は便利だし、服も徐々に減らしているけれどまだまだあるのでハンガーは必須、大事な書類をポケットに入れるわけにはいかなくて鞄も使っている。100日なくてもいいものと365日なくてもいいものはまた違う。

トースターのことは好きだ。パンを焼いたり、しいたけの上にタルタルソースをのせてあたためたりしたい。でも、それってコンロについている魚焼きグリルかフライパンでもできることだったのだ。あとトースターに望む使い道があるとしたら、プラ板を焼くとか……？　というわけでごめんだけど、トースターには退いていただくことになった。

◎ペットボトルをコップ代わりにし続けると、自己肯定感が下がる

あらゆる生活必需品をどんどんゲットしていかなければいけない中で、最初の数週間、コップやグラス類は贅沢品《ぜいたくひん》だった。空のペットボトルを再利用して、これでも問題ないなと思っていたのもつかの間。なんだろう、テンションが上がらない。というかむしろ元気がなくなってきた。

水を飲もうとボトルを手にする度に「ペットボトルをコップ代わりにするような暮らし」という事実がのしかかってきて、生活を大切にできない気持ちになっていった。久しぶりにグラスに水を注いだ時、自分を大切にしている実感が湧き上がるのを感じた。

これまで生きてきて、グラスに飲み物を注ぐという行為は習慣の中にすっかり埋没していたけれど、実はその行為の中に自分を尊重する想いが溶けていたのだった。ワイングラスを手に入れた時には「これはもはや祝祭だ」と思った。

◎牛乳パックを開けば、まな板代わりになる

包丁を手に入れた日は嬉しかったが、まな板がないとほとんど何もできないことにすぐ気がついた。できるのは空中でりんごを剝いたり手のひらの上で豆腐を切るくらい。まな板は包丁の大事な相棒だったのだ。なんとかまな板代わりにできないかと思いついたのが牛乳パック。かなり丈夫で問題なく使える。折り目があるので、切った具材を鍋に入れやすいという利点まである。まな板を手に入れた後でも、生肉や生魚を切る時などに活用すれば便利に使えそうだ。あと他に役に立つことがあるとしたら、誰かと一緒にキッチンに立ったけれどまな板が1枚しかない……なんていう状況とか。

とても小さなことだけど、「牛乳パックでいけるじゃん！」というひらめきは、生活愛に直に結びつく。工夫してる私、ばんざい！　と、ちょっとずつ調子に乗ることもまた、愉快な暮らしのコツといえる。

◎箸がないとおにぎりにするしかない

手づかみで食べるのは得意なほうだ。バングラデシュに行った時に習得した技術がある。カレーとご飯を指先で混ぜ合わせ、親指で押し出すようにして口に運ぶ。いまだに指先においしい感触が残っている。

だからといって、東京の日常でずっと手づかみで食事することはできない。できないというのは物理的に不可能ということではなくて、この文化の中にいる時は特にやりたくならないし、抵抗があるということだ。

ご飯を鍋で炊いても、しゃもじや箸がなければどうしようもない。そんな時おにぎりは便利だ。手づかみの免罪符にもなる（手はしっかり洗う）。箸を手に入れるということは、ご飯をおにぎりにせずに食べるという自由を得ることであり、熱いものを熱いまま触る能力を持つことだった。またある時は、細かい作業を行うために指先に装着するアタッチメントツールでもある。文化であり、道具であり、装備。箸すごい、箸ありがとう。

◎オーブンはクリスマスの必需品

電子レンジも必要ないと思っていたからずっと取り出していなかったけれど、99日目にどうしてもオーブンが使いたくなってオーブンレンジを選んだ。理由は、たまたまその日がクリスマスだったからだ。クリスマス料理って、考えてみればびっくりするほどオーブンを使うものばかり。

この100日間はたまたまクリスマス以外のイベントがあまりなかったけれど、その後5ヶ月連続で家族の誕生日があり、毎月ケーキを焼くことになった。もし100日間とこのバースデーラッシュが被っていたら、ケーキのための回転台、パレットナイフ、電動泡立て器は100個の必需品の中に入ってきただろう。回転台が自分の人生に必要なもの100に入るなんて考えてもみなかったことだけど、5ヶ月連続で使うなら立派なレギュラーメンバーだ。

生きているから、自分にとって不可欠なものはどんどん変わっていくし、変わっていって当然なのだと思う。

◎平たい皿にスープはよそえない

至極当然の事実である。でも、この事実を真に身に染みて理解したのは初めてだった。これは、当たり前のことを生まれたての赤ん坊のように発見していく旅なのだ。

最初に食器を取り出したのは18日目。ワンプレートふうにすればご飯もおかずものせられると思って平皿を選んだ。狙い通り1枚で済んで便利だったが、平皿には汁物をよそえないという圧倒的な弱点があった。

熱々のスープが好きだけど、鍋から直接飲むことは絶対にできない。そんなことしたら鍋と唇が一体化してしまう。他にどんなに便利な品物を持っていようが、ある程度の深さの器を持っていない限りはスープを飲むことができない。スープを飲む、こんな簡単なことがお碗ひとつの有無で難しくなる。これが道具のすごさだ。すべての道具は革命的である。

こうしたい、という暮らしの想像力があれば、理想の道具を手にすることができる。平皿を手にした時の自分にはその想像力が欠けていた。ひとつ目の器はどんぶりにすればよかった。理想と形を結びつけていく。これが道具選びの一番シンプルな公式だった。

◎小さいスプーンはプリンとアイスの必需品

絶対にどの家庭にもあるけれど、100日間くらいならなくても過ごせそうなアイテム代表、小さいスプーン。人生で必要なもの100には全然入らなそうなアイテム、小さいスプーン。ああ、小さいスプーンよ。きみがいなくても大丈夫だと思っていた。だけど、絶対になくてはならない瞬間がやってきてしまった。それは、プリンを食べる時と、アイスを食べる時である。

大きいスプーンではだめだ。もっとちまちま大事に食べたい。箸やフォークじゃあり得ない。ちょっとずつまあるくすくいたいのだ。ちょっとずつすくうこと自体にもよさがあり、アイスを食べるというイベントの楽しさの中にそれが含まれている。

なるほど、小さいスプーンだけを見るとベスト100に入らなそうでも、確かにプリンやアイスを食べない100日はあり得ない。実はそんな専用アイテムがたくさんあるのだろう。必要なものランキングは使用頻度と比例しない。必要なイベントに結びついている。

◎調味料がない時にはベーコンとサバ味噌缶が活躍する

これは、今後の人生でどんな時に活躍する知恵なのかわからない。初期は調味料がなかったので、料理に味をつけるということができずにいた。そんな時に活躍したのがベーコン。ベーコンの塩気でおかずが次々と成立した。

茹でるだけでおいしいのはさつまいもとかぼちゃ。焼くだけでおいしいのはちくわとピーマン。もっと料理っぽいことがしたくなったらサバ味噌缶も楽しい。和にも洋にもアレンジ可能で懐《ふところ》が広い。

味をつけるってとても人間っぽい行為だなと思う。そのままでおいしいものもたくさんあるけれど、やっぱりどうしても物足りなくなってくる。火を通して食べやすくするのは生きるためにすることで、味をつけておいしくするのは愉快に暮らすためにすることなのだった。調味料ひとつにも、暮らしへの希望と祈りが潜んでいる。

◎塩と油だけで料理するとめちゃくちゃ勉強になる

料理は好きなほうだ。でも、なんにもわかっていなかった。コンソメや鶏がらスープや白だしで味付けをしないと、味もコクも生まれないと思い込んでいた。全然違う。野菜にも肉にも、もともと味は十分あったのだ。常に上からドバーッと強い調味料で塗りつぶしているうちに、素材はのっぺらぼうだと感じるようになってしまっていた。

切り方、材料を入れる順番、火加減、煮込む時間、そういったことで風味も食感もかなり変わってくる。例えばにんじんとにんじんの皮を一緒に煮たスープは、花束みたいないい香りがした。にんじんを初めて食べた気分だった。適切な調理によってちゃんと素材の潜在能力を引き出せた料理は、ほんのちょっとの塩の他には何も要らないと思える。

一旦いつもの調味料を封じて、塩と油だけで料理をしてみる。するとおのずと素材本来の風味と出会うことができて、それを引き出すための調理法も学べた。これが料理だったのか。

◎鉄フライパンは調味料以上に味が決まる

調理法によっても味が変わるし、道具によっても味が変わる。少ない調味料で料理の基本を学んでみようとした時、調理器具も信頼できるものを使いたくなった。もう一度0から学んで、この鍋ならこう、このフライパンならこのくらい、という感覚も身につけていきたい。

ステンレス鍋も鉄フライパンも、適当に使っている時には「なんかくっつきやすい」「洗いにくい」という印象があった。でも落ち着いて正しく使えば本当はそんなに扱いにくくもないし、何よりうまみの味方だった。

味の濃さよりうまみを重視するようになり、うまみがいつ出るのか調べているうちに、メイラード反応や、蒸したり無水調理で成分を凝縮させたりすることが重要だと知った。そういったことがちゃんとできる鍋やフライパンは、調味料以上に調味料の役目を果たすことがある。

◎調味料は外食や旅行と同じ種類の刺激をくれる

とはいえ、調味料は楽しい。ひと瓶で旅の気分を運んでくれる。レストランや旅先で食べた味を再現しようと頑張ってみるのが好きだ。おしゃれな店であらびき胡椒がよく振られているな、とか、四川料理を作る時は調味料も本場のものがいいな、とか。舌の記憶を頼りに、あの日あの時の味を今ここに蘇《よみがえ》らせる。

2020年はほとんど旅もできなかったし外食の機会もかなり少なかったので、すがるように調味料を集めていた。完璧に同じ味を作り出すのはなかなか難しいけれど「50m先にあの味の背中が見える気がする」とか「あっ今一瞬走り抜けていった」と感じるだけでもいい。味の残像。ほんのわずかでも思い出が呼び起こされたのなら、調味料はただ味にアクセントをつけるためのものではなく、タイムトラベルの薬と言っていいと思う。

◎シンプル調味料チャレンジは、シンプルライフチャレンジと相似形

この生活のルールを決める時に、調味料をどうとらえるべきか少し悩んだ。食材と一緒にしてしまえば、カウントせずに使い放題になる。でもなんとなく、調味料も1つのアイテムとして数えることにした。本当になんとなく。調味料は道具という感じでもないのだけど、わりと生活に影響を及ぼすものだと思ったからだ。海外旅行に行く時は絶対に携帯用の味噌を持っていく、なんていう人もいる。

結果的にこの判断は大正解で、食材や調理法と出会い直すためのもうひとつの挑戦が生まれた。シンプルライフというマトリョーシカの、中に入っている小さな人形としてシンプル調味料チャレンジがあるというような。どちらの挑戦も、これまで近くにあり

すぎて気づけなかったものと向き合い、関係を組み立て直すことだった。

◎スープのうまみを引き出すのと、時間を感じて暮らすのは似ている

シンプル調味料チャレンジで、味をつけることよりも素材のうまみを引き出すことのほうがよっぽど重要なのだと知った。うまみを引き出すコツは、野菜を炒めてから煮込んだり、沸騰してからではなく水の時点できのこを入れたり、そんなちょっとしたことにあった。

今までの私の生活は、たとえるなら豆板醤をドバッと入れてガツンと刺激を味わうような感じだったのかもしれない。つまらない、と思ったらすぐに新しいものを買うとか、動画を観ながらお酒を飲んで、さらにゲームも同時にこなすとか。たまにはそれも悪くはない。でも一旦すべての道具を手放してリセットしたことで、時間を味わい、生活を充実させる方法は他にもたくさんあると思い出した。静かな部屋で手紙を書くこと。夜に窓を開けてみること。本当にちょっとしたこと。

外的な刺激もいいけれど、生活自体のうまみを引き出すことで暮らしは味わい深くなる。ちょっぴりの塩で十分なくらいに。

◎レシピは暮らしの旅のガイドブック

毎日アイテムを選びながら、むむ、モノよりも情報がほしいぞ、と思う日があった。特に調理器具や調味料を手に入れた後は、それらをもっと有効活用したいという気持ちが芽生え、そのためには手元の情報量が少なすぎると感じた。これまでは何もわからず使っていた。モノに本気で向き合おうとすると、情報が必要になってくる。

暮らしを立て直そう、積み上げようとする時、レシピはかなり重要度の高い情報なのだった。納得するものをこの手で作り出し、五感で味わうということが、自分の生活を自分のものにする近道かもしれない。そしてレシピは他人の行動を体にトレースする作業でもあり、誰にも会わなくても日常に新鮮な風を吹かせることができる。

料理をする人ならば、手癖である程度自分好みの味を作ることができる。でもレシピがあれば、我が身でおこないながらもこの脳みその外に連れていってもらえる。これも、家の中でできる旅のひとつだ。

◎一番多かったのはキッチン用品や食器

100日間で取り出した100のアイテムを種類ごとに分類すると、一番多かったのがキッチン用品や食器だった。全体のおよそ5分の1にあたる19個の道具を取り出している。また、レシピ本を2冊選んでいることからも、私の暮らしの中でいかに食が重要であるかがわかる。そりゃあ人間は食べなければ生きていけないから当然かもしれない。でも、料理をして皿に盛って食べる、という営みには、何かそれ以上の意味があるように思える。

食材を選んで買ってきて、道具を使って自分好みに調理し、お気に入りのお皿にのせる。その過程のすべてに、自分が自分であることがにじみ出る。趣味や娯楽よりも身体に近い部分の感性が自然とはたらく。意識していなくてもきっと、この行動で癒《いや》されている。

道具を使って思い通りのものを作る。端的に言うとこれが料理の構造であり、暮らしの基本なのだ。暮らしの基本はクリエイティビティ。道具と一番コミュニケーションをとっている瞬間でもある。さて、原稿が一段落したので、昼食に向けて好きな料理を好きなように作ってきます。

住

暮らしにまつわる発見

部屋、空間、インテリア

◎陽だまりは動くインテリア

100日の間にいくつかの取材を受けた。その中にこだわりの部屋を紹介するメディアがあり、私はほとんど何もない部屋のこだわりポイントを説明しなければいけなかった。「この部屋で気に入っている場所はどこですか」と聞かれて、苦し紛れに床を指差し、あそこの陽だまりです、と言った。苦し紛れではあったが気に入っているのは本当だ。

晴れていれば14時頃、窓に切り取られた四角い光が部屋の隅に出現する。あそこで本を読むのが好き。陽だまりは形を変えながらどんどん動いていって、おっ、今の角度かなりいいですねえ、という瞬間がある。これまでも部屋に入ってくる光は好きだったが、家具も道具もないぶん、以前よりはっきりと陽だまりを認識した。裸の陽だまりが見えた。

別におしゃれな部屋じゃなくても、センスのいい家具を持っていなくても、「昼過ぎあの辺りに出現する陽だまり」をそういったものとしてカウントしていいのではないか。部屋にはもともとかっこいい部分がある。

◎窓から見える木は私の観葉植物

先述した取材で、実は部屋の好きなところをもうひとつ答えていた。それは、窓からちょうど見える隣家の庭の南国みたいな木だ。もはや自分の部屋ですらない。その木はかなり背が高く、窓から手を伸ばせば届くほど目の前にあって、景色を見ようとするならばわりとしっかり視界を遮る存在ではある。でも窓を開けて少し離れて眺めると南国に住んでいる気分が味わえるし、水をやらなくていい観葉植物のようでもある。ラッキーなのかも。

自分のものと他人のものの境界は明確だ。でも、自分のものと地球のものの境界となると微妙である。陽だまりや景色はどれも私のものではないようで、私のもののようでもある。シンプルライフで一旦持ち物を手放してみて、よりそんなふうに思うようになった。どうせ、死ぬまでしか持っていられない。永遠はない。所有していなくても「ああ、いいなあ」と感じるものは、自分の世界のものだと言ってもいいかもしれない。シンプリズムはそんな軽やかさもくれる。

◎情報量の少ない部屋で、感性が研ぎ澄まされた

家具や道具が何もない空間で過ごしていると、自然と頭がすっきりしてきた。何回かほんのり体験したことがあるくらいでよく知らないくせに言ってみるが、これって瞑想に似ている気がする。部屋にモノがないと、目を瞑《つぶ》らなくても、精神統一しようと思わなくても、そこにいるだけで瞑想っぽい感覚になってくる。

娯楽や情報がない場所では、自然とふたつのことに意識が向くようになる。ひとつは

外の音や窓から入る風、移動する陽だまり、フローリングの冷たさなど、自分を取り巻く環境の手触り。もうひとつは自分が最近何を考えているのかということ。自分とサシ状態になって、考えようとしなくてもおのずと欲求や反省が聞こえてくる。いつもより感性の毛穴が開き、思考が整理されていくようだった。部屋を出た後もこうした感覚は少し持続する。

この効能は大きい。だからといってこの先何も持たずに暮らすことはできない。今後もし余裕があったら、自宅のひと部屋だけを空っぽに保ったり、寝室に寝具しか置かないようにしてみたりしたい。

◎モノがないとすることがないなんて、自分は空っぽだなと感じる

私は元来、ミニマリストとは真逆のマキシマリスト的な性質を持っている。コレクションが好きで、買い物をする際も使う時のことを考えるのではなく「持っていたら楽しそう」というテンションで選んでいた。だから陶器でできたお相撲さんのオブジェや、

つけヒゲ、ボタンを押すと目が光り音が鳴る大仏のキーホルダーなど、この先数十年の人生で使うタイミングが運よくあったとしても1分以内だろ（多分その時には見つからない）、というものを無限に所持している。

それらを不要だと切り捨てるつもりもないし、否定もしたくないけれど、そういうものを持っている自分が好きとか、それを含めて自分だとか思って生きてきたために、何もない部屋で何も持たない人間として過ごしてみた時にとても寂しく感じた。でも数日すると、何もなくても私は私だなという思いがちゃんと湧き上がってきた。今後も旅先でちょっとこわいお面とかを買ったりするとは思うけれど、一旦モノと関係ない裸の自分の輪郭を感じることができたので、この先は変にお面に依存せずいい距離感を築けそうだ。

◎モノなし生活は防災訓練にもなる

最初の1、2週間は結果的に防災訓練にもなっていた。災害時、何が手元にあってほしいのか。もちろん本当の被災時なら、通信手段としてまずスマホは絶対持っておきたいとか細かい違いはある。しかし着の身着のままでいる際に心と体が何を求めるか実感として知っておくことは、きっと何かの役に立つはずだ。

床にずっとは座っていられないこと。毛布があれば心も落ち着くこと。裸足では一歩も外に出られないこと。歯ブラシがないと元気がなくなっていくこと。本があれば自分の世界を守れることや、爪切りはわりとすぐ必要になることなどなど。自分のために防災アイテムを準備する際はもちろん、被災した誰かをサポートする時などにも思い出したい肌感覚だった。

◎何もない部屋はかっこいい

身も蓋もない言い方だけれど、何もない部屋はかっこいい。モノがないと、なんてことのない六畳一間が洗練されて見える。壁の白さがいい。角の四角さがいい。広々とした余白がいい。これまでずっとおしゃれな部屋にしたいな、と思って生きてきたのに、今までしたどんな工夫よりも、何もないほうがずっとかっこいい。なんてことだ。

センスのある人なら、足し算や引き算をしながら絶妙なバランスでおしゃれな部屋を作ることができるだろう。私のセンス程度では、何もない部屋に勝てない。装飾やインテリアにこだわって行き詰まるよりは、自分のセンスを信じずにいっそシンプルに振り切ったほうがおしゃれに見えるのかもしれない。

とはいえそんなふうに振り切るのは、工夫するのがよっぽど苦になってからでもいい。私はシンプルライフを経験して、何もない部屋が自分のセンスよりかっこいいことを実感したけれど、これからも試行錯誤を続けるだろう。鏡や花瓶やトレーの場所をあでもないこうでもないと変えるのは楽しいし、部屋に合うかよりも、グッとくるかどうかで絵を買いたい日もあるからだ。うまくいかないことは悪いことではない。

◎家がちゃんと回復する場所になる

部屋にモノが少ないと、圧倒的に気持ちいい。毎日ホテルに泊まっている気分になる。

出かけていても「早くあの快適空間に帰りたい」と思う時があった。家にいるだけで疲れがどんどん回復していくのがわかる。

疲れている時に散らかっている部屋に帰るとさらに疲れる。でも、問題は散らかっているかどうかだけではなかった。これまでは部屋の中の全体的な情報量が多かったように思う。あらゆる商品のパッケージ、部屋干ししてある色とりどりの服、出しっ放しにしているティーポット、などなど。

シンプルライフを始めて、白い壁や何も置かれていない床を見て安心する気持ちを見つけた。すべてを減らすことは難しいけれど、少しだけでも余白を残しておけばきっと逃げ場が生まれる。視界に情報が入らない状態を作れば、脳をサボらせてあげることができる。

◎布には安心と自由が織り込まれている

バスタオルを手に入れた時と、毛布を手に入れた時、こんなにも心が安らぐのかと驚いた。頭や体を包むととても落ち着くし、顔の周りに布があると嬉しい。災害時などに避難所で毛布を受け取ったら、きっとほんの少しほっとできるだろうと想像した。防寒という意味だけではなく、精神的にも支えてくれる包容力がある。

そして、好きな形に畳《たた》むことができるのも重要な喜びのひとつだ。コンパクトにまとめて枕にしたり、汚れた服をタオルで一時的に包んだり、肩にかけたり膝にかけたり。アレンジする、つまり道具に変化を与えて自由に使うということには、何か原始的な嬉しさがある気がする。

タオルや毛布を手にした時の心強さと万能感。人間は昔から布と生きてきたんだなあ、と思った。

◎床に直接座っていられるのは半日が限度

しんどくなったら立てばいいやん、と思っていたがそういう問題ではなかった。椅子も座布団も何もない状態で半日過ごすと、おしりが痛いとか体が痛いとかそういう次元を超えて大変つらい。寝転んでみても、立ってみても回復しない。つまりどこにも逃げ場がない、助けてくれ、という気持ちになってくる。

腕がしびれて動かなくなっている時に反対の手で持ち上げてみて、うわ、腕ってこんなに重いのか、と思うことがある。あれがきっと人間の本当の重さだ。筋肉や骨、神経はもちろん、ソファやマットなど外部のやわらかいもののサポートによって、人は普段、自分の本当の重さを忘れて生きている。忘れていた。おしりが体の重さを受け止められなくなって悲鳴を上げた。

久しぶりに自分の体の輪郭をはっきりと意識した。初日にこの苦痛がやってきたことで、これまで暮らしの中で様々な道具や情報に囲まれて、自分の形が見えなくなっていたことを知った。

◎ソファはやっぱりほしい

100日間の中ではソファを導入することなく過ごしたけれど、正直やっぱりソファはほしい。日中は敷布団を折り畳み、その上に座っていた。これはこれで快適だし、何より部屋がすっきりするのがいい。ソファがあるということは、ソファの下に何かが入り込むということで、脚や角のほこりを取るのに難儀するということでもある。でもそのややこしさを差し引いても、ソファは要るという結論に至った。

なんといっても体の動きである。床に座るのとソファに座るのとでは使う筋肉が違う。低い場所に座ったりそこから立ち上がったりする時、結構なインナーマッスルが必要になってくる。疲れていると立ち上がるのにもちょっと気合いが要る。これが地味に1日のＨＰ《ヒットポイント》をじわじわ削っていく。

ソファにも、座りやすいからこそだらだらしてしまうという欠点はあるが、いい点・悪い点を天秤にかけた時に私の中ではソファが勝利する。こうやって無数の絶妙な比較の結果、それぞれの暮らしは作られている。

※ＨＰ……ヒットポイント。主にゲームなどでの体力ゲージのこと

◎暮らしの中に好きな香りがたくさんある

洗濯用洗剤を使って服を洗った時のフローラルの香り。ハンドクリームのまったり落ち着く香り。歯磨き粉のさわやかな香り。ごま油の食欲をそそる香り。静かな秋の夜の香り。暮らしには魅力的な香りがあふれていて、それらは思っていた以上に存在感が大きいのだった。

私には香水やアロマキャンドルを集めたりするような趣味はなかったけれど、それでも十分に香りのことが好きなのだとわかった。娯楽として、癒しとして、時間を感じる豊かな要素として、もっと暮らしの香りを楽しみたい。シンプルライフは、当たり前の空気の中にあったものを宝物として思い出させてくれた。

◎パソコンを得ることは社会と接続すること

スニーカーを取り出した時、世界の範囲が広くなった。VRゴーグルは現実のレイヤーを増やした。パソコンを得てインターネットに接続すると、社会とつながる無数の糸を手に入れたように感じた。手に入れる、というより、身体に勝手に結ばれる。

もしコロナ禍にインターネットがなかったら、どうなっていたんだろう。ネットのおかげで、離れていてもできることは多い。人と人が距離を取らなければならない時、社会とつながる糸もなしにそれぞれ生きていくのは、かなり孤独なんじゃないか。

なかなか人に会えない時期ということもあり、パソコンは、家に備え付けられた社会の窓だった。電源を切っても気持ちがオンライン上にある時がある。だけど窓なのだから、好きな時にカーテンを閉めたりシャッターを下ろしたりできることも覚えておきたい。

時

時間にまつわる発見

時間を増やす道具・減らす道具、時間の感じ方

◎何もない部屋で過ごすと1時間が4時間くらいに感じる

スマホもテレビも本も何も持たずに、がらんと何もない部屋で過ごしてみたら、人生の時間がふっと止まった。最初のうちは手持ち無沙汰《ぶさた》でとにかく暇で苦しかった。やることがない。圧倒的な無。心臓の音が聞こえそうなくらい静か。なんとなく自分と向き合わなきゃいけない気もして、かなり修行っぽい。

でもしばらくすると、ここにあるのは無ではないことに気づき始めた。窓を開けると虫の大合唱が部屋の中に流れ込んできて、こんなに大きい音だったんだ、と思った。何もない部屋で、夜の匂いはキラーコンテンツだった。嗅いでいるだけで楽しい。窓を開ける、耳をすます、頬《ほお》に風を受ける。逆立ちする、自分の体の重さを知る。時間にとら

われない、損得を理由にしない行動は五感のストレッチみたいだ。

にぶっていた感性がだんだん研ぎ澄まされていって、時間を「過ごす」のではなくて、時間の中にいるんだ、という感じがした。いつも焦ってどんどん先のことばかり頭で考えて、感じることを置き去りにしていた。ただその場にいるということを楽しめるようになったのが嬉しかった。

◎時間ができたらじっくり考えたいと思っていたことは2日で考え終わる

落ち着いたらゆっくりしっかり向き合おう、忙しさが去ったら取り組もう、と思っているものがある状態が10年以上続いている。それは半透明でつかめなくて、頭の中でずっとぷかぷか浮かんでいて、何が入っているかよく見えないけれど自分の一番大事な部分、のようにも思える。

シンプルライフの最初の数日は、何もない部屋で修行のようにただ時間が過ぎるのを待つ日々だったので、このぷかぷか浮いている雲たちを頑張ってわしづかみにし、話しかけてみた。するとその雲は「へ？　なんでもないけど……？」という顔でこちらを見つめ返してきたのだ。それでもしつこく取っ捕まえてのぞき込んでみる。過去のもやもや、将来のもやもや。2日もするともやもやたちはいなくなって、考えることがなくなった。

必要なのは答えを出すための長い時間ではなく、考えることだけをしていいよ、という安心がある短い空白だったのかもしれない。矛盾しているけれど、たっぷりとした時間は短くてもいい。長さよりも流れ方のほうが重要だ。

最近は頭の中の思い残しを何日も持ち越さないよう、毎日日記を書くようになった。気になっていることを全部可視化しておく作戦である。よく見えていないから気になるだけで、洗い出してみるとたいしたことない場合が多い。私は私が思うほど複雑じゃなかった。

◎時間を減らす道具と増やす道具がある

スマホをいじっていると、特に何をしているわけでもないのに時間が溶けていく。多分時間を早める道具のボスはスマホだ。あとはパソコン、テレビ、ゲーム、漫画なんかもその仲間かもしれない。でもゲームや本に夢中になっている時間って、確かにあっという間に感じられるけれど、満足度を考えると時間を減らしているともいえないような。

心が動かないまま時間を飛び越えさせてしまうようなアイテムを、ここでは「時間を減らす道具」と言ってみる。反対に、「時間を増やす道具」もあった。洗濯機や掃除機は家事の手間を大幅に少なくし、時間を生み出しているといえるけれど、ここで言及したいのは時間が流れるスピードをゆったりさせてくれる道具のこと。これがあれば忙しい日常に読点を打つことができる。目的のためにどんどん進んでいくのではなく、この瞬間を生きることを目的にしてくれるものたち。花瓶や好きな香りのハンドクリーム、レターセット、ワイングラスなどが私にとってそうだった。

今自分にとってどんな時間が流れているかを意識すれば、道具によって時間をコントロールすることもできる。今から集中しようとかのんびりしようとか、時間の流れ方を意志の力だけで操るのは意外に難しい。どんな道具が自分のスイッチを入れてくれるのか知ることが重要だ。

◎体感時間を延ばす裏技

何もない部屋で過ごすことや、時間のスピードをふっとゆるめてくれる道具と付き合うこと以外にも、体感時間を延ばす裏技はまだある。そのひとつが筋トレだ。

そんなに本格的にやる必要はありません。では、これを読んで下さっている読者の皆さん、今すぐ20秒間空気椅子をしてみて下さい。……しましたか？　本当に？　したふり？　した？　しつこい？　……どうでしょうか、「20秒長い！」「早く時間経ってよ！」と思いませんでしたか？　私は忍耐がないのでめちゃくちゃ思いました。

この気持ちを利用して、あーもう時間がない、いいかげんにしてくれ、というくらい行き詰まったら筋肉をいじめてみることにした。時間が経ってほしくないのかほしいのかわからなくなってくる。

最近もうひとつ時間感覚を刺激する行為を見つけた。それは植物の栽培だ。これも大げさなことは必要なく、万能ネギの根っこを水に浸けておくだけでもう実感できる。数時間後にはにょきにょき伸びていて、面白くて何度も様子を見てしまう。朝起きたらまずネギを見る生活。明日はどれだけ伸びているんだろうと楽しみに待つようになると、時間が過ぎることへの罪悪感や恐怖感が薄れていった。

時計が刻む客観的な時間や自分の体感時間以外にも、植物の時間、動物の時間、光の時間、いろんな時の流れが存在していることを知る。もっと意図的に伸び縮みさせて、時間とたわむれるのもいい。

◎時計がないとリズムが育つ

これまではダイニングの壁に時計をかけて生活していたけれど、今回の100日間ではついに最後まで時計を取り出さなかった。時計なんか要らない！　と思ったわけではない。ただ、時計がない部屋で過ごすことをしてみたかった。

よかったことがいくつかある。まず、晴れた1日の光の違いに気がつくようになった。朝は明るいけれど、少しかすれたようなやわらかさのある光。昼は熱を持った元気な光線が限界値なんてないように降り注いでいる。そこからだんだんボリュームのつまみを小さいほうに回すように日が暮れていく。お腹が空くよりも先に、あ、光の感じが変わったからそろそろお昼の準備だな、とわかるようになった。家の中にいてもカーテン越しの明度と雰囲気で十分伝わってくる。この、頭で考えるより先に肌が時間を察知する、というのが新鮮に感じられた。本来それは人間の中に、時計よりも先にあった感覚のはずなのに。

数字ではなく光によって作られたリズムは驚くほど健康的で、暗くなったら眠いし、明るくなったら目が覚める。そういうふうにできている。不思議なことに時計を見ないほうが、時間がゆっくり進む。今後はきっと時計と暮らしていくことになるけれど、たまに休日に時計なしで過ごす1日を作れば、いつでもすこやかなリズムを思い出せそうだ。

◎シンプルライフ2週間で身も心もすっきりすこやか

１００日間という期間だからこそ学べたことも多いけれど、モノが少ないことで心身のリズムがリセットされるような感覚は、実は最初の２週間で十分味わうことができた。むしろ最初の数日の感動が最も大きかった。１００日や２週間というまとまった期間を確保することができなくても、例えば週末だけスマホやパソコンと離れるデジタルデトックスをしてみるとかでも、きっと効果があると思う。今後がんじがらめになってきた時にやってみたい。

もし大げさな準備なしでモノなし生活を体験してみたいという場合は、引っ越しのタイミングを利用するとよさそう。例えば新居の入居日を調整して、荷物が届く前に部屋に少し住んでみるとか。あとはなるべく手ぶらに近い状態で旅をしたりホテルに泊まってみたりすることでも、気軽に同じような感覚を得ることができるはず。定期的に環境を変えることも、暮らしと感度のメンテナンスにつながる。

◎暮らしの相対性理論が存在する

だらだら過ごした日曜日と、日帰り旅行で名所を巡った休日とでは、時間の進み方が全く異なっている。校長先生の話を聞いている10分間と、あと少しだけとゲームに没頭する10分間にも、ものすごい差がある。大人の3ヶ月と子どもの3ヶ月もまるで違う。誰もが実感していることだけど、時間は主観で伸び縮みする。

シンプルライフへの挑戦で部屋と心身が身軽になった結果、時間の形が見えてきた。家の中で過ごす平凡な1日にも、あらゆる時間の流れ方が存在している。

24時間を体感48時間にする裏技は、ちょっとしたことだった。モノを減らす（すべての持ち物を減らさずとも、モノが少ない部屋やちょっとした空間を作る）、情報を遮断する、20分間夜風を感じるだけの時間を作る、スマホの電源をオフにして誰かに手紙を書く。1日のうちに少しでも、時間が時計の針よりゆっくり進んだり、反対に濃密だからこそジャンプする過ごし方をしたりすると、カレンダーに取り残されたような気分が減っていくのではないか。

最近私は、時間は2種類あるのだと割り切るようになった。流れる時間と、触《さわ》れる時間。今流れてしまっている、いかんいかん、あっちの時間に移動しよう、といった具合に、時間のフレームを行き来する日常系タイムトラベラーになった。

潔

身だしなみと掃除にまつわる発見

シャワーを浴びる、化粧をする、掃除をする

◎歯磨き粉をつけないとむしろ、より丁寧に磨きたくなる

歯磨き粉を手に入れたのは52日目のこと。こんなに遅くなったのは、歯磨き粉を使わない歯磨きに少しハマっていたからでもある。歯磨き粉をつけずに歯を磨くと、「きれいになった感」がなかなかやってこず、その結果、自然とより時間をかけるようになった。今までは、ミントのさわやかさですっきりした気になっていた。ミントの罠。歯磨き粉なしのストイック歯磨きは今後もたまにやっていきたい。

久しぶりに歯磨き粉を使ってみたら、驚くほどゴージャスな気分になった。口の中が高級エステ。歯磨き粉で歯を磨くことって、自分をいたわる行為なのだとわかった。歯を磨くのも、歯磨き粉を使うのも、自分のことが大事だからなのだ。そのことを思い出

した時、自己肯定感がぐっと上がった。

◎爪切りは100日間で10回以上必要になる

7日目に爪切りを選ばなければならなかった時、最初は何だか悔しい気持ちだった。まだまだ必要なものはたくさんあるのに、しょっちゅう使うものでもないこんな小さな道具に貴重な前半の1枠を費やすなんて……と。

でも実は、使う回数を数えたことがなかっただけで、爪切りって思っていたより頻繁に使うものだった。短い爪が好きだということもあり、7日から10日経つと指先がむずむずしてくる。100日間で10回以上使うと考えると十分必需品なのだった。

それ以上に、今回生まれて初めて爪を切るペースを知ったことで、急に自分が生き物である実感が湧いたのが面白かった。5月の植物みたいに、わりとぐんぐん伸びている。爪を切るという行為は私が生きていることの定点観測だ。

◎タオルがないとずぶ濡れでみじめな気持ちになる

お風呂上がりや顔を洗った後、タオルがないとめちゃくちゃみじめだ。「顔が濡《ぬ》れて力が出ない」は本当だった。雫がひと粒、またひと粒とぽたぽた垂れていく度に、自尊心がこぼれ落ちていくのがわかった。

なんとかして水気を切ろうと懸命に考えたところ、一番参考になったのは犬である。頭を振ったりジャンプしたりするのは滑稽《こっけい》だけど一定の効果がある。4日目にバスタオルを得て（大は小を兼ねる理論）、久しぶりに顔を拭《ふ》けた喜びは格別だった。

人はタオルに包まれる時、心も包まれる。今後びしょ濡れの人に出会ったら、その人の心も包むつもりでタオルを渡すと思う。余計なお世話ではないことを祈る。

◎全身シャンプーにするとお風呂場がすっきりする

100日間のシンプルライフチャレンジのためにあるかのような、スーパーラッキーアイテムこと全身シャンプー。これ1本で髪も体も洗うことができるし、私はその力をさらに信じてフェイスソープもコンディショナーも廃止した。1アイテムで4アイテムぶんくらいの価値がある。かなりお得ではないだろうか。家族全員でこれだけを使うようにしたら、お風呂場が恐ろしくすっきりした。結果的に掃除もしやすい。

今回の場合は、ケアを簡略化しているといっても自分を雑に扱っているわけではない。面倒な手間を省いたり場所をさっぱり保ったりすることのほうが、私にとってはケアだった。何に比重を置くかは完全に人によるし、心の声に耳をすまして心地よさを追求していきたい。

◎毛は自分のために剃る

フェイスシェーバーを取り出したのは、チャレンジ開始から78日も経ってからのことだった。以前だったら旅先にも持っていっていたアイテムだ。顔の産毛や眉毛、指の毛など、彼らの生命力は嫌になるほどたくましい。数日おきに処理しないとどんどん生えてくる。本来なら3日目にほしい。でもこれは、本当にほしいというより剃《そ》らねばという強迫観念に近かったのかもしれない。

自分に必要なものを1から積み上げていった時、シェーバーは言ってみれば78位だったということになる。結構順位が低い。毛なんてどうでもいいから本を読んでいたかったし、毛なんてどうぞ伸びて下さいと土偶を愛《め》でて過ごした。彼らを自由に遊ばせてみたらとても快適だった。

強迫観念を抜きにするとシェーバーの優先度は低い。それでも結局は取り出したのはなぜか。剃りたい時に剃るとそれなりにさっぱりするからだ。金色の産毛が光る肌もいいし、つるんとした指もかわいい。無人島に行ってもたまに剃りたいなと思う。78日おきに、自分のために。

◎化粧品は顔と気分のスイッチをオンにする

シンプルライフに挑戦していた100日間は、コロナ禍で外出や人に会う機会が極端に少ない時期のこと。なので普段と比べると化粧品の必要性がやや低かったけれど、一旦手放して出会い直すとやっぱりいいなあと再確認できた。

CCクリーム、リップグロス、アイブロウパウダーと集めていく度に、顔の電球がひとつずつついていく感覚があった。これまでは人前に出るためにメイクをすることが多かったけれど、自分のためのメイクを思い出した。

◎チークは要らなかった

100日間で取り出した化粧品は、CCクリーム、化粧水、リップグロス、アイブロウパウダー、日焼け止め下地。いつもポーチに入っていたアイシャドウとチークは選抜されず。

中学生の頃、顔色が悪く見られるのが嫌でこっそりチークだけ塗って登校していたことがある。チークが塗れない時は、マンションの廊下で自分の頬をビンタして血色をよくしてから出発していた。当時はメイクといえばチークだった。

大人になった今は、何よりもまず全体のくすみをカバーするのが第一だ。化粧にチークは必須だと思い込んできたけれど、実は最近そんなにしっくりきていない。ピンク系かオレンジ系か、何が合うのかも悩ましいし、頬骨《ほおぼね》の上なのか、横からなのか、まあるくのせるのかシュッと走らせるのか、いまだに正解がわからない。毎日首をひねっていた。

この際チークをやめてみたら、なんだ、別に要らなかった。顔面からひとつの迷いが消えた。あくまで私の場合で、ある人にとってはリップグロスが不要だったりするかもしれない。あるのが当たり前だと思って持っているものや習慣のうち、本当はなくてもいいものって無数にあるのだろう。

◎頭痛薬がないと1日を棒に振る

月に1回ほど、何も手につかなくなるほどの頭痛に襲われる。そんな時は一旦寝てみるがたいしてよくなることもなく、痛み止めを飲む他ない。鎮痛剤だから飲みすぎるとあまり体にいいものでもないし、胃にも負担だろうけれど、飲まなかったらその日は終わり。無の1日になる。

薬を飲んだだけでいつも通り過ごせる。たった2錠で1日が別物になる。そう考えると、これはもう自分に必要なアイテムベスト100に堂々ランクインする品物だ。元気な時には軽んじてしまうけれど、あるとないとでは大違い。

100日間の中で頭痛がやってきた日、一直線に頭痛薬を選んだ。それまでは意識していなかったけれど、ぐいん！　と最優先に躍り出た。自分にとって常備薬がどれほど大切なものか思い知ったので、今後も決して油断せずに常に持ち歩こうと思う。出張、旅行はもちろん、ちょっとした外出でも持っていたい。アイテムの中には自分の体と密接につながっているものも多い。

◎床にモノがないと1分で掃除機をかけ終わる

瞬殺。すい〜、すい〜、すいすい〜、すい〜っ、はい終了、という感じ。これまで掃除機をかけるのを面倒にしていたのは、家具や床に置いたあれこれだったのだ。本当になんの負担もないから、しょっちゅう掃除機を手に取るようになる。楽だから気持ちいい、気持ちいいからどんどんやる。

なぜ、いつも面倒だった掃除や片付けが、シンプルライフではむしろ癒しになるのか。それはモノが少ないと手間が減るということ以上に、すべてが可視化され、ゴールが見えているということも大きい。

これまでは掃除したところで、実際はまだ気になる部分がある状態だった。届かないところや隙間がまだ汚れている気がするけれど、常にどこかで妥協して終わらせる。1日気合いを入れて片付けたってその気がかりは解消されず、整理整頓してもどうせ完璧には程遠い、という途方もなさが腰を重くしていた。どうしても完璧にはならない気がしていた雑多な「よくわからない部分」がなくなると、家をどこかで自分の体みたいに感じるようになっていった。

◎掃除用具はリラックスアイテムでもある

窓を開け、白い光の中で寝具に粘着カーペットクリーナーを走らせて髪の毛を取る。楽しすぎて鼻血が出るかと思った。取るべきほこりがなくなると、チッと思うほど。かつて私の中で、日々の掃除は面倒な作業だった。掃除の時間はフリータイムを削ってくる敵でしかなかった。それがむしろご褒美《ほうび》のように感じられるようになったのには、いくつかの理由がある。

まず、フリータイム自体が増えたこと。〈時〉の項目でも書いたけれど、モノが減ると時間が増えるという公式にはもう確信を持っている。自由な時間が増え、気持ちの余裕もできた。

また、娯楽が少ないので、ひとつひとつの作業に楽しさを感じるのがうまくなったというのもある。これはかわいそうなことではなく、娯楽だと思っていたものの大部分は感性を通らず過ぎ去っていく情報だったりもしたので、今後も掃除が楽しいと感じられるくらいの空白を持って生活したい。

働

仕事にまつわる発見

モチベーション、思考整理

◎面倒くさい、と思うことが減る

モノが少ない部屋では集中力が高まり、仕事の効率も上がった。そして、何かにつけて面倒くさい、と思うことがぐんと減った。よーしメール返しちゃお、よーし片付けちゃお。なぜ、モノが少ないとこんなに身軽になれるんだろう。

もしかして、ずっと私の気分を重くしていたのはたくさんの道具だったのかもしれない、と仮定してみる。管理できない量の道具に囲まれ、それが部屋や思考にいくつものブラックボックスを生み出していた。何もない床は一瞬で掃除機をかけ終わるように、他のことも視界がクリアであればあるほど容易《たやす》く進められる。私のだらしなさを作り出しているのは自分だし、生活の難易度を上げているのもまた、私自身だったのだ。

◎インプットとアウトプットの間の「感じる時間」が取れるようになる

私の場合、例えばどこかに出かけて何か体験したり、本を読んだり映画を観たりするのがインプットで、それをラジオで伝えたり、原稿を書いたりするのがアウトプットにあたる。アウトプットはインプットを超えないし、アウトプットすればするほど新陳代謝が上がる。そう信じてどんどん吸収して発信しようとしてきた。でも、忙しい毎日の中で、吸収しようと焦るほど消化しきれずに流れていくような感覚もあった。

シンプルライフで余裕ができて、「ただ感じている」という時間が生まれた。何かに出会った後の、想いを熟成させる時間。もっと知りたいという引力を強める時間。それができたことで、自分の発信に以前より体重が乗っかるようになってきた。インプットでもアウトプットでもない時間がきっと、インプットとアウトプットの強度を高める。

◎部屋に何もないとデスクトップも片付く

パソコンのデスクトップがずっと荒れていた。イベントなどで会場のスクリーンにパソコンをつなぐ時には、デスクトップのすべてのアイコンを「臨時」とか「要整理」と名付けたフォルダに入れてしのいでいた。締め切り間近になると「ｆｉｘｆｉｘｆｉｘ．ｍｏｖ」とか「真の最新版．ｄｏｃｘ」とかいうファイルをデスクトップに保存しまくってしまう。どのフォルダに入れたかわからなくなるのが恐ろしいのだ。どのフォルダに入れたかわからなくなるのは、こうやってその場しのぎの名前をつけているからでもあるのに。自分との不毛な戦い。

それがなんと、シンプルライフに挑戦し始めてから自然とデータを分類できるようになり、ある日リモート会議で画面共有をした際、ついに「デスクトップきれい！」と褒められた。

誰かが言っていた。「デスクトップの乱れは心の乱れ」。シンプルな部屋で生活した結果、頭が整理されて余裕ができた。自分に管理できるものの量を知った。名前をつけて帰る場所を作る、というのは道具もデータも同じだった。

◎部屋とともに思考が整理され仕事もはかどる

シンプルライフ実践中、いつになく仕事がはかどるな、と思った。理由はおそらくたくさんある。最初の数日でデジタルデトックスができて、頭の中がすっきりしたこと。目に入る情報量が少なくて集中しやすいこと。誘惑が少ないこと。1日の時間を長く感じるようになって余裕が生まれたこと。

余裕が生まれると、面倒くさいという気持ちが減る。多分これが一番大きい。今までの私は何かに追われ、同時に何かを追っているような感じで、常に容量オーバー、どこからどこまで何を背負っているのか見えていない状態だった。きっと見えていない部分に大切で複雑なものとかも眠っているに違いないと感じ、それらをすべて把握するのもこわかった。よくわからないものというのはいつだってこわいし、大きく見える。

シンプルライフで生活をリセットしたことで、少しずつ自分の実態が明らかになっていった。よくわからない、見えていない部分にはたいしたものは入ってなかった。一度確認したらすごく安心して、目の前にあるものを終わらせればいい、すべての作業に終わりがある、と思えるようになった。ライフスタイルと思考回路には明らかな相関がある。

楽　娯楽にまつわる発見

音楽を聴く、テレビを観る、家で楽しむ

◎20日ぶりにイヤホンで音楽を聴くと心が震える

空っぽの部屋の中で、身軽になった心と体に注がれる音楽は極上だった。最初の数日間ストイックな環境にいたことで、五感が研ぎ澄まされたことが大きい。普段、ワイヤレスイヤホンでラジオや音楽を聴きながら作業をすることも多いけれど、しばらくそれをしていなかったため耳がコンテンツ不足・刺激不足だったようで、サウナ後のスポーツドリンクぐらい染み込んでいった。

そう、サウナ。シンプルライフはサウナっぽいかもしれない。モノを一旦なくすことは情報を減らすことでもある。極限まで情報量を減らした空っぽの部屋には、むせ返るような「無」があって、最初は不安になるがだんだんと感性の毛穴が開いていく。ストレスや考え事でいっぱいいっぱいになっている時に聴く音楽も救いだけど、静かな心に刺激を与えると全身がぴりぴりしびれて、最終的にととのっていく。

◎ひとつのボードゲームで家庭の雰囲気が格段によくなる

ボードゲームはただのおもちゃではなく、人生の意味までも教えてくれる道具だと思っている。それはボードゲームが、人が向き合う理由を作ってくれる存在だからだ。むしろボードゲームがあるおかげで向き合わないでいられる、ともいえる。混乱しそうだけど、でも本当にそうなのだ。

向き合わずに向き合う。向き合いづらい関係性というのはある。久しぶりで共通の話題がない友人、距離の近すぎる会話をしなければならない家族、初対面同士、そもそも何ひとつ合わない他人など。どんな関係でも、ボードゲームで遊べば一緒に時間を過ごすことができる。話す内容が有意義でなければいけないとか、性格のフィット感とか、そういうことを飛び越えて、同じ時間と場所を共有すること自体に意味があると思わせてくれる。ボードゲームは自分に必要不可欠な100個の道具のうちのひとつだし、他者と生きていくことを象徴するアイテムでもある。

◎家にいても旅はできる

旅が好きだ。国内外問わず、まとまった日数があれば絶対に旅に出る。旅のいいところは、知らない場所やモノに触れられる新鮮さと、日常を俯瞰《ふかん》できること。旅というのは非日常であり、日常を客観視できるのは非日常に身を置いている時だけ。だから新鮮さと俯瞰、このふたつは旅に出ることでしか得られないものだと考えていた。

しかしシンプルライフに挑戦している時、両方とも感じることができたので驚いた。持ち物を1つずつ取り出してみると、知っていたと思っていた道具のことを実は全然知らなかったのだとわかった。ガラッと生活スタイルを変えたことで、日常を「これまでの生活」「今の生活」と分けて考えることができ、暮らしの輪郭が見えてきた。旅をしている時と同じように毎日発見があった。

家にいても旅はできる。そしてこれからも旅するように暮らしたい。

◎VRゴーグルは靴を手に入れた時ぐらい世界を広げる

靴があるから外の世界に行けるということを書いた。裸足で出かける勇気も選択肢もない以上、かなり大げさに言えば靴があるから外の世界がある、という状態になる。これと同じくらい世界が広がったのが、VRゴーグルを手に入れた時だった。

私は本格的なゲーマーではないけれど新しいもの好きであるため、この生活を始める数ヶ月前からVRにハマっていた。VRゴーグルを装着すると、何もない部屋が暖炉のある豪華なリビングに変化する。今までも仮想空間の面白さは感じていたけれど、何もない部屋と仮想のリビングとの落差が極端だったので、ひとつ次の未来に来たような感覚があった。没入感があり、鑑賞というよりもはや体験と言って差し支えないほど。最新技術、おそるべし。

VR体験とは、世界のレイヤーをひとつ増やすことだ。モノを持たない暮らし、ここに極まれり、という感じ。もちろん、仮想空間に理想の部屋があるからといって現実はどうでもいいや、ということにはならないけれど。

◎娯楽を我慢するなら生きている意味がない

1日1つひたすら必需品を取り出している最中、なんのために生きているんだっけ、とよぎる瞬間があった。あれも足りない、これも足りない、と思いながら、必要なものだけを求めることに疲れてしまった。

昨日より今日、今日より明日と、どんどん快適にしていきたいというエネルギーはとても前向きで、一見素晴らしいし学びもある。だけど人生の目的は、向上することだけではなかったはずだ。その場に立ち止まってただ踊る、ということのほうを私は選びたくなった。

電子レンジより土偶を、ハンガーより花瓶を、炊飯器より画集を。今日という1日を味わうために、便利さよりも重要なものがある。自分に必要なのかを慎重に比較して必需品を取り出す日もあったけれど、不要不急の品物をほしいと思った直感も大切にした。暮らしを再定義するこのチャレンジで、これからどう生きていきたいか、何を重んじたいのか少しずつ見えてきた。

私は楽しく生きたいと思っている。基本的に生きていることに意味なんてないし、使命もない、生きること自体が目的だ、という考えだ。便利さや効率に振り切ってしまったら、究極は何もしないことが一番無駄のない生き方ということになる。

好きなように生きるために生きているので、箸がなくても本が読みたければ本を選ぶ。実際に多くのものを手放した時、あらゆる不便さを抱えてもなおこういう気持ちになるのだとわかった。

◎土偶を大切にした縄文人の気持ちがわかる

71日目に遮光器土偶を選んだが、「なぜ土偶?」とよく聞かれた。でも、もしも私が人気アニメの大ファンで、そのキャラクターのフィギュアを同じタイミングで取り出したとしたら、ここまで「なぜ？」と思われないのではないか。土偶も人気フィギュアだ。好きなものをそばに置いておきたい。

数年前から縄文時代に夢中だ。完全にハマった、と思ったのは、火焔《かえん》型土器にお焦げの跡がある、という話を聞いた瞬間だった。儀式の道具と聞いていたが、普段使いもしていたらしい。あんなにゴテゴテ飾りのついた使いにくそうな器で、日常の煮炊きをしていたなんてむちゃくちゃだ。使いやすさを考えれば、飾りは少ないほうがいい。縄文人の合理的ではない感性が大好きになった。

必需品だけを黙々と集めていく暮らしは味気ない。生きる意味を見失いそうになる。縄文人が豪華な飾りの土器で食事を作った気持ちが心からわかる。神聖さと親しみやすさを兼ね備えた土偶もまた、祭祀《さいし》の際のみに飾られるというよりは、当たり前に家の中にあったのではないか（勝手な妄想です。縄文時代の遺物には妄想し放題という楽しさもある）。

私にとって土偶は、合理的ではないものに宿る人間らしさの象徴だ。だから暮らしに取り入れた。

◎スマホを手に入れたら1日の体感時間が半分になった

ゆったりした時間の味わい方を学んでも、スマホを手にすれば1日でもとのせかせかした日常に戻ってしまうかもと危惧していたが、実際その通りだった。でもなんでこんなに変わるんだろう。

もしかしたらいつの間にか、自分というものをアップロードしすぎていたのかもしれない。お気に入りのあらゆるコンテンツ、見せたい自分、他者との交流、その多くがスマホの中とネット上にある。現実に足をつけているつもりでいても、ある日突然アカウントが削除されたら虚無感を感じると思う。つまりそれは、手元に戻ってこないかもしれない自分の一部だということ。

スマホは感性の外付けハードディスクみたいだ。本体で感性を使っている時だけ、本来の時間を感じることができる、という説を最近よく考えている。

◎テレビが時間泥棒だと決めつけなくてもいい

私の生活の中で、テレビの立ち位置が年々変化してきている。子どもの頃は帰宅したらまずテレビをつけたし、だらだらテレビを観て過ごす1日というのがあった。今ではそれはインターネットに置き換わっている。朝起きたらまずネット。だらだら見続けてしまうのもネット。テレビはむしろピンポイントで観たいものがある時や、配信やDVDで観たい作品を選んで観るための道具になった。昔はテレビでだらだらしていたけれど、今はどちらかというとネットでだらだらするほうが多い。

シンプルライフでテレビを導入すると、また1日の体感時間が短くなってしまうかもと思ったが、意外にも全く問題なかった。むしろどうしてもリアルタイムで観たいものや、大画面で観たい映画を集中して観ることがテレビの役割になったために、ある意味時間を充実させてくれるアイテムになっていた。

テレビもネットも、能動的に関わるか受動的に関わるかで生活時間への影響力が変わってくる。惰性の引力はあっても、モノ自体が時間を盗むわけではない。もう少しネットと距離を置けるようになったら、もっと自分の時間を取り戻せるんだろうな……。

読 本にまつわる発見

本、本棚、読書

◎9日目で我慢できなくなって本を手に入れる

とうとう自分で書店も始めたくらい、かねてより本が好きだ。9日目といえば、まだまだコンスタントに生活必需品を集めていかなければ厳しい時期だけれど、どうしても本がほしくなっていた。

何もない時間を過ごすのにも慣れてきて、それはそれで楽しめるようになったけれど、やはり○○に飢えていた。この○○に入るものってなんだろう、と自分でも考えながら書いている。娯楽？　刺激？　情報？　どれも惜しいけれどちょっと違う。「好きなもの」だと少し近そう。好きなものは娯楽や刺激や情報だけでなく、安心感をもたらしてくれる。だから私にとっては本だったけれど、人によってはミニ四駆かもしれないし、レコードプレーヤーかもしれないし、盆栽かもしれない。

9日ぶりに本を開いた時、かなりグッときた。本には最初のほうに必ず「扉」という名前のページがあるけれど、今までで一番「扉」が扉だった。パアッと開《ひら》けた。殺風景な部屋で自分と向き合いすぎていたからか、違う世界に心を飛ばすことができて解放された気持ちになった。

◎1冊ずつ読むと、本にもっと集中できる

私は積《つ》ん読《どく》常習犯だ。積ん読タワー1級建築士だ。もはや積ん読も読書スタイルのひとつだと開き直っている節もある。一度に5冊同時進行で読むのは当たり前、むしろ1冊だけを読んでいることなんてほとんどなかったけれど、この生活では必然的に1冊の本に集中することになった。

1冊だけを読むって……いい。没頭度が20％増（私調べ）。ちょっと離れて他の本にしようかな、と思った箇所で離れないということは、その本に対する姿勢と集中力をよ

り強固にした。本は精神を映す鏡で、不思議とその時求めていた言葉が書いてある。1冊の本にだけ向き合うことで、その本に問いかける心の矢印も大きく、多くなっていくのかもしれないと感じた。

優柔不断なので、旅行の時でさえ3冊くらい持ち運んでいた。でも考えてみれば旅行は一冊入魂のいい機会なので、次回は1冊に絞ってみようと企んでいる（旅先でさらに買う未来が見える）。

◎本がほしい気持ちと、本棚がそばにあってほしい欲求は別

1冊ずつに集中する読書も新鮮でよかった。でも、本があるということと、本棚があるということはまた別の話だということも発見した。ふとした時に1ページだけ読み返したい本が無数にある。ニュースを見ていて、別の本を読んでいて、誰かと話していて、あ、こういうことあの本にも書いてあったな、確認したいな、と思う。その瞬間はいつ訪れるかわからないし、後で読もうと折り目をつけた本の中にも、一生読み返さない本

もあるかもしれない。

だけどそのあるのかないのかわからない一瞬のために、私はやっぱり本棚がほしい。これまで手に取った本の並びは心の歴史だ。買ったはいいが読んでない本ですらその歴史の一部だ。読み返したいと思った時に自分の本棚にアクセスできないのは、結構ストレスだった。

六畳の部屋の壁一面に設置した本棚は、かなり圧迫感がある。でも望んだ圧迫感だ。今後何かのきっかけで本格的にミニマリストになりたいと思ったとしても、本棚をなくすことだけはできないだろう。

ちなみに私は電子書籍も好きだ。でも読み返すのは紙の本ばかりだったりする。なぜだろう。紙のほうが紙や印刷、カバーなどこの世に存在するまでに関わる人数とエネルギーも大きいし、読む時にそのエネルギーを受け取って、こちらも自ずと心を使って読むのかもしれない。全く同じ情報が書いてあったとして、読んだ当時、より身を入れて読んだもののほうが、自分の感情とともに記憶に残りやすい。でも本当に電子書籍も好きだし、敵対関係だとは思っていない。

物

道具とシンプルライフにまつわる発見

モノがあること・ないこと、物欲、理想の暮らし

◎9割以上が使わないものだった

１００個で十分満たされるんだ、と思ったと同時にぞっとしたのは、これまで家にあったモノの9割以上は、１００日間で一度も必要にならないものなのだとわかってしまったことだった。所持しているもののほとんどが、ほとんど使わないもの。使わないイコール要らないものではないけれど、それにしても多すぎる。

使わないものに囲まれて起きて、食べて、寝て、暮らしている。人間って面白いなと思う。全く合理的じゃない。使わないけれど持っているもの。それは今後もしかしたら使うかもしれないという可能性や、使わないとわかっていても捨てることができない思い出の象徴。ビーバーが木を集めて川の上にせっせと家を作っているみたいに、人間は

可能性や記憶を周りに集めて生きている。そう思うとかわいい。

◎不便だとひらめく回数が増えて楽しい

はさみがないから爪切りでなんとか切り込みを入れたり、牛乳パックをまな板代わりにしたり。100日間で、あるものでなんとかしようとする力がぐんと伸びた。不便なことに遭遇する度、脳みその工夫担当の部屋が刺激されている感じ。ほんの小さな思いつきでも「私って天才!」と調子に乗ることができるし、いいひらめきがあった日はそれだけでいい1日になる。

逆に言えば、何もかもが便利な暮らしの中では、そのちょっとしたひらめきの機会が無数に奪われていたのかもしれない。工夫とは困難を乗り越える力のことで、人間らしさはきっとそこに宿る。

だからといって、これからも基本的な道具までわざと手放して生活しようとは思わない。この実感を踏まえて、常に新鮮さを取り入れたり、ちょっとばかり煩わしいことにもひるまず挑戦したりしながら暮らしていきたい。キャンプとか。畑とか。新しい食材を使って料理するとか。そんなこと。生活に慣れない、ということも暮らしを楽しむコツだ。

◎モノが少ないほうが大切なものの「お守り効果」が強調される

飽き性だからこそ、いろんなものを持っていたいと思っていた。でももしかしたら、いろんなものを持っているからこそ飽き性になっているのかもしれない。

今回驚いたのは、好きの持続時間が延びたこと。1日1つアイテムを選ぶのは、1日1つプレゼントをもらうぐらい嬉しいことだ。そういうふうに大切に選んだものは100日目までずっと好きなのだった。100日が終わった今でも好き。

理由はいくつかある。まずはもちろん、より好き度が高いアイテムを選んでいること。よく吟味してお腹の奥底から欲したものであること。でもそれだけじゃなくて、認識しておける数である、というのも大きかった。好きが多いと頭からこぼれてしまう。覚えていられない。数が限られているからこそ、お守りのような特別感が続くこともあるのだ。

ただ、これからミニマリストとして暮らしていくつもりは特になく、頭の片隅にこの実感を灯し続けて、好きなものを好きでいるために持ちすぎないほうがいいかもね、とたまに自分に言ってみようと思う。

◎100個で十分満たされる

1日1つずつモノを増やしていっても100日目でたった100個なので、足りるわけないと思っていた。数えたことはないけれど普段はきっと数万個のモノに囲まれているし、ボードゲームだけで100個以上持っている。

それが、最後にはもう何かをほしがるのに疲れた、と思うくらいになった。100個に到達するより前に、もう要らなくなった。実際にこれからずっと100個で生きていこうとは思わないけれど、自分は100個くらいで生きていけるな、という実感をゲットできたのが大きい。いざとなれば身軽なんだ、という自信が気持ちも体も軽やかにしてくれる。

自分にはサバイバル能力があるから、とか、こだわりがないからという理由で100個でいいと言っているわけじゃない。100個でも1万個くらいの充実感が得られるとわかったから、100個でいいなと思えたのだった。ゆっくり得ていく、出会い直していく作業は、道具の愛し方やモノから喜びを受け取る方法を学ぶ時間だった。

◎100のアイテムを選ぶことは100の自分を知ること

人間にとって必要な100のアイテムと、私にとって必要な100のアイテムは、全然違っているだろう。自分が本当に何を欲しているか、実際のところ何があれば生きていけるのかということは、これまでの人生で意外と知る機会がなかった。ほしいと思わされてきたもの、思い込んでいたものもたくさんあった。

ひとつひとつ私の輪郭をなぞっていくように、アイテムを集めていった。道具と離れるというのは、心を裸にする作業だ。そしてたっぷりと時間をかけて、ちょうどいいサイズの服を選ぶみたいな100日間だった。

今まで思い描いていた私像……せっかちで、面倒くさがりで、少しジャンクで、飽き性といったイメージを覆すような発見もあった。環境を整えたり、時間の使い方を変えたりするだけで、のんびり屋で、集中するのが好きな自分を見つけた。多面的で、川の流れのように変化する心の奥底にある、こうありたいという声に耳を傾けられた。時間を味わい、花を飾り、発見しながら暮らしていきたいという理想。裸になってみてよかった。

◎暮らしも人間もナマモノ

100日間をリアルタイムで報告していく中で「私だったらこれは要らないな」とか「これはもっと早く取り出したい」という声もいくつかいただいた。自分が挑戦してみたらどうなるか、ということを一緒に考えてもらえたことが嬉しかった。中には妄想上で100個アイテムを選んでみたという方もいる。

　暮らしに必要なものを1つずつ取り出していくという試みは、10人いたら10人がバラバラの結果になると思う。違って当たり前だし、違うほうがその人がその人である感じがしていい。私も、別の季節や人生の別のタイミングでこの100日間をスタートさせていたら、今回とはまた全く違うラインナップになっただろう。暮らしも人間もナマモノだし、正解はない。

　どうしたって個性がにじみ出てしまうはずなので、人の100のアイテムを見てみたい。ちなみに私の周りには、100個の中に土偶を選びそうな人は何人かいます。

◎80日目くらいまでは楽しく選べるけれど、その先はしんどい

　もともと自分の持ち物だったのに、改めてひとつひとつ取り出すと贈り物をもらったように嬉しい。この挑戦を始めてからしばらくは、毎日が誕生日だった。でも後半、その嬉しさがピタッと止んだ。

さして向き合っていない数万個のアイテムと暮らすのと、悩み抜いた数十個の相棒と暮らすのとでは、重みが全く違っていた。気配も感じる。帰宅すると彼らがこちらを見ている。ひとつひとつと付き合いがあり、ひとつひとつに心の一部を配っている実感がある。増えたらどうなってしまうのか、キャパオーバーにならないか。これ以上社員を増やして給料が出せるのか？　みたいな、経営者の苦悩にも近い気がする。モノを持つことの責任は、思ったよりずっと重かった。

◎欲するということは、本来かなりエネルギーのいる行為

なぜ急にモノを増やすのが楽しくなくなったのか、もう少し考えてみたい。今日は何を選ぼう、と考えること自体がちょっと面倒くさくなってきている私がいた。選べばきっと、昨日より便利な今日が待っている。なのにほしくない。それ以前に、選ぶことに疲れていた。これまで何気なくアマゾンでポチッと買い物していた日々にはなかった感情だ。ネットショッピングの際はあまり悩まず気軽に選んでいて、こんなふうにストレ

スを感じることもなかった。

このシンプルライフでは、基本的にしっかり悩んでアイテムを選ぶようにしてきた。考えてもどうせ答えは出ない、一旦決めちゃったほうが失敗したとしてもすぐ結果がわかる、と思いそうになるが、そこをぐっとこらえて悩み抜く日が多かった（あえて直感を大切にした日もあった）。すると、悩むことにもゴールがあるという感覚を得られるようになった。少し時間はかかるけれど、本当にこれでいいのかな？　本当に？　と問いかけること自体が、最終的な選択をより確たるものにした。そうやってちゃんと選ぶ、欲する、ということには労力が必要だったけれど、そのぶん納得して選んだものとの関係性は深まった。客観的な正解を出すことよりも、時間をかけて自分と相談して決断した、という過程が大切だった。1分でポチったアイテムとの愛着の差は言うまでもない。

◎物欲を抑える呪文「これ100日間で取り出すのかな」

以前の私は、かわいい服、面白いイヤリング、斬新な文房具、なんでもかんでもほしかった。この一瞬を逃すともう二度と出会えないかもしれない、と思った。しかしシンプルライフチャレンジを経て、物欲はある程度落ち着いてきたように感じる。

何かにグッときて、買っちゃおうかな？　と思った時に瞬時によぎるのは、これって100日間で何番目に取り出すアイテムなんだろう、ということだ。そんなこと考えていたら何も買えないし、たまには安易に手を出したっていいと思う。でも、本当に長く愛せるのか、自分に管理できるのか、という観点がしっかり入ってきたのはよいことだ。これって結構できている人が多いのだろうか。私が迂闊《うかつ》だっただけかもしれない。

100アイテムあれば満ち足りた気分になれるということ。今まで所持していた道具の9割以上は100日にかすりもしないこと。そして圧倒的な自分の管理能力のなさなどが明らかになって、やっと冷静なショッピングタイムを手に入れることができた。

◎シンプルライフは人生を簡単にする

こんな見出しにしたけれど、めちゃくちゃ語弊ありです。人生を簡単にする裏技なんてない。なめちゃあいけないない。それに、ミニマリズムは美学であって、人生を省略したいと思っている人のためのものではない。でもこの「シンプルライフは人生を簡単にする説」は、全くの虚言とは言い切れない部分もある。

モノが少ないと選択肢が少ないから、コーディネートや荷造りなどで悩む時間がなくなる。邪魔なものがないから掃除、片付けが圧倒的に楽。あれどこにやったっけ……と探し回ることもない。そうして時間に余裕ができるから仕事や趣味に没頭できる。いいことだらけ。

こうやって考えてみると、自分で自分を追い詰めている要素って多かったんだなと思う。無駄なものも大切だし、もう着ない服や意味のわからないおみやげを愛してる。だけどそれとは別に、自分の処理能力を理解し、心地よく作業できる環境を整えるためのヒントがシンプルライフにはたくさんある。

◎シンプルライフは人生をリセットする

人生をリセットしようと意気込んでシンプルライフに挑戦したわけではない。だけど、結果的にそうなった。ひとつひとつ道具を取り出しているうちに、あ、今新しく人生をやり直しているな、という実感が芽生えた。

冷蔵庫の役割に驚愕《きょうがく》すること。はさみを手に入れてこんなに嬉しいこと。静かな夜が結構好きだと知ること。感性の最も奥底にある土台の部分がゆさぶられ、毎日、たった今生まれたような気分だった。これまで積み上げてきたつもりのものを一度崩して、足元からもう一度まっすぐ体の中心にくるように積み直す。知らないうちにズレていた部分が、見えないところで支障をきたしていた。

裸の自分が暮らしに何を求めるのか、どう暮らしていきたいのか、自分の輪郭と暮らしの輪郭、両方をイメージできたことが大きい。逆に言うとシンプルライフ以外の方法でも、このふたつを再定義することで人はいつでも軽やかに人生をリセットできるような気もしている。

◎自分がもらうより誰かにプレゼントするほうが嬉しい

チャレンジの最終日はクリスマスだった。毎日のアイテム選択に疲れてきていたが、家族へのクリスマスプレゼントを選ぶのはこの状況でも特別に楽しかった。カマキリ柄のパジャマや青いヘルメットを用意して、見つからないように隠しておく。数日前からたまに様子を見て、ちゃんと置いてあることを確認してふふっとなった。

プレゼントする楽しさまで色褪せてしまわなかったのは、単にモノを選ぶことにストレスを感じていたというよりも、自分が欲したり受け入れたりすることに疲弊していたからだと思う。

元来贈り物をするのが好きな性格だ。自分の買い物には時間をかけたくなくても、プレゼントはいつまででも悩める。でも、自分はシンプルライフだとかモノを減らしたいとか言いながら、他人にモノを押し付けるのってどうなんだろう、という気もしてきた。気にせず処分してもらっていいからね、と言いつつ、相手の気持ちになれば、人からもらったものって捨てづらいだろうなと思う。ジャムの瓶ですら廃棄が若干面倒だろう。

よっぽど相手の好みを知っているという自信がある時以外は、食べ物やハンドソープなど消費できるものにすることもある。

「人のために選ぶって楽しい」という気持ちの中に「自分が受け取らなくて済むから」という気持ちが混ざらないようにしたい。時には無責任だからこそ楽しいサプライズもあるかもしれないけれど。

◎何がほしいかは、どうありたいかという祈り

自分の「ほしい」という気持ちと毎日向き合った100日間でもあった。最初の「ほしい」は切実で、体が痛い、寒い、爪が伸びた、など、頭で判断しているというよりは肉体の声を聞いているようだった。それからだんだん、こうだったら過ごしやすいのに、とイメージしながら道具を選ぶようになり、後半になるにつれて体よりも精神が欲求するようになっていった。

特に顕著だったのは花瓶を取り出そうと思った時だ。花瓶でご飯は食べられないし、

花瓶で体は休まらない。それでもどうしても花瓶がほしかった。花瓶のある暮らしがいい、と思った。これがないと不便だ、ということを毎日考えた結果、便利なものだけに囲まれる暮らしをどこかで味気なく感じていたからだ。

道具を迎えるというのは暮らしをデザインすることのひとつで、ほしいという気持ちはどう生きていきたいかにつながる。意識の高さとはまた違ったところで、体や心は、どうありたいかという理想を少なからずいつも持ってみる。

◎快適さはみんないびつ

土偶はあるけど鞄はない。炊飯器はないけど電気調理鍋はある。他人から見れば、え、なんで？　と思われるかもしれない。でも、人間がいびつなように、それぞれにとっての快適さもまた、いびつなのだろう。

ひとり暮らしを始める若者のための新生活セット、みたいな感じで、人生に必要な100アイテムセット、というものがあっても誰にもしっくりこないのではないか。これさえあれば間違いありませんよ、というものに従いすぎていると、自分の暮らしを見失う可能性がある。

本当は要らなかったんだな、と思うものが多かった。モノを溜め込んでしまう性質はあるけれど、それ以外に「必要だと思わされていたもの」も結構あった。あるのが当たり前、持っているのが普通、という思い込みを取っ払って、オーダーメイドな暮らしを楽しみたい。

◎大切にしまい込んでいたものを普段使いにすると幸せ

この生活でひとつアイテムを選ぶということは、それぞれのジャンルのナンバーワンを決めることでもある。例えばお皿。これまでの生活で使用頻度が高かったものを選ぼうとすると「すべての皿の中でこれが一番好きってこと……? いやいや、違う」という気持ちになった。最も使い回しているものは、割れてもいいやと思っているものだったりする。

限られたアイテム数の中で「きみに決めた！」と伝える相手は、もっと心躍るものにしたい。そこで勇気を出して、壊れたり汚れたりするのがもったいなくて使えなかったお気に入りを、あえてどんどん選ぶようにした。

結果は最高。毎日ルンルン気分を通り越して大興奮だった。大切なものを毎日使うということは、毎日を大切にしているよという自分へのメッセージにもなる。

◎家電は季節で重要度が変わる

家電を選んだ日はいつも何かしらの革命的変化が起こった。冷蔵庫はタイムマシンで、洗濯機はタイムふろしき。どっちもドラえもんの道具でたとえてしまったのは、22世紀の技術を手に入れたと言っていいぐらい感激したから。時間を操るパワーを手にした、と思った。しかし、どちらがナンバーワンかと聞かれたら、その答えは季節によると思う。

夏なら、冷蔵庫。食材の足が早すぎる。普段は冷蔵庫に入れない種類の果物や野菜ですら真夏にそのままにするのはこわい。食べ物が保存できず、その都度仕入れなければいけないとなると慌ただしいことになる。冬だったら洗濯機が一番。服は少なければ手洗いもできるけれど、冬の洗濯は厳しそうだ。扇風機など明らかに夏しか使わない家電もあるし、オーブンのように、今回初めて冬の家電だなあと感じるものもあった。

夏と冬で大切なものが変わるくらい、季節は私の暮らしに影響している。

◎道具を手に入れることは自分の身体を改造すること

1日1つアイテムを手に入れるということは、1日1つ能力が増えていくということと同じだ。はさみを持つ前の私には、何かを正確に切断するということは不可能だったが、はさみを持った途端、切断能力を搭載した私になった。道具って、ただのモノじゃない。道具は身体を拡張する。おたまがあると利き手が延長され、熱いものもすくえるようになる。洗濯機を所持する私はほとんど指先ひとつで5人分の夏服を洗い、乾かすことができる。スーパーマンのよう。モノをモノ扱いするのはやめる。私の能力を増幅させる魔法だ。

◎しかし、能力と技術は別物

切る能力と切る技術は違う。はさみと出会い直したことが新鮮すぎるあまり「おお……私は……あらゆるものを切り裂く力を授けられし能力者……」みたいな気分になっていた。

しかし、私が手に入れたのは切る能力というよりは切る権利、という感じだったのかもしれない。使えるということと使いこなせるということは別の話だった。調子に乗ったまま自分で髪を切ったら盛大に失敗した。子どもの頃、好奇心でリカちゃん人形の髪の毛をバツッと切りやめとけばよかったと思った時と同じ気持ちになった。

道具は身体に新しい力を付随させるけれど、その力を手なずけることができるかどうかは自分次第だ。

◎道具を活かすためにも情報が必要

道具がほしい、という気持ちの後すぐにやってきたのは、情報がほしいという気持ちだった。特に少ない調理器具と少ない調味料で料理をしていこうと決めた時には、レシピ本が必要だと思った。情報の得かたは人それぞれだが、私はインターネットを利用しつつも、本当に知りたいと思ったことは本に求めるタイプだ。

専門的な道具も気軽に手に入れられる時代だが、それ自体を得るだけでは100%使いこなせないものも多い。せっかく手に入れた道具を使いこなし、自分の手足のように自由に操るには情報と熟練度が重要になってくる。それに、知識欲や好奇心も無視できない基本的な欲望だ。生きていくのには情報が必要だ。

◎身近な道具の本当のよさを知らなかった

人生は所持品ゼロでスタートしない。家族や周囲の大人たちが用意した道具に囲まれて生活が始まって、その後成長するに従い少しずつ自分で手に入れていく。だから基本的な道具とは、意外と0から「出会う」という段階を踏んでこなかった。

冷蔵庫、洗濯機、歯ブラシ、寝具、鍋……どれも気がついたら当たり前に使っていて、それらがない時の不便さや、手に入れた時の革命的進歩を味わうタイミングがなかった。ありがたみ、と一言でまとめてしまうにはもったいないほど、それぞれに固有の役割があり、驚きがあった。慣れてしまうと見えないだけで、暮らしの充実感や幸福度は身の回りの道具の中にも溶けて隠れていた。

◎忘れていただけで、それぞれのモノに「嬉しさ」が眠っている

飽き性の私は、飽きた時がときめきの賞味期限だと思っていた。新しく買った服、ガジェット、インテリア。最初のうちは目に入るだけで好き！　という気持ちが込み上げてくるが、1ヶ月ほどすると生活に馴染んでしまう。

しかし一度すべてを手放してもう一度出会い直してみたら、今まで持っていて嬉しいと感じたことがなかったものにも突き抜けるような喜びがあった。それは100日間を過ぎた今でも持続している。冷蔵庫があって嬉しい。爪切りのことが好き。全身シャン

プーっていいなあ。その気持ちにすぐに飽きたり慣れたりしないことに驚いた。

本当はこれまでも飽きた時に想いが消えていたわけではなく、隠れたり、ぼやけたりしていただけだったのかもしれない。部屋のモノの多さや、頭の中の情報の混雑、選択も結果も流れていってしまう慌ただしい時間の流れ。それらが複合的な要因となって、道具から喜びを得る感性を曇らせていた。

忘れてしまうことが悪いことではない場合もある。わくわくするわけじゃないけれど、ずっとそばにいてくれる道具もある。出会った時の嬉しさはこの距離感の中に溶けているんだ、と想像するだけで十分だったりもする。

◎モノに責任が持てるようになってやっとエコに思い至る

地球にやさしくしたい。その想いはあるのに、まだまだ自分の暮らしにうまくサステナビリティを組み込めていなかった。特にこの数年は家族が増えたりして、生活の中でどんどん汚れたり壊れたりしていくものに対処しようとするうち、どこかでエコを度外視しても仕方ないと感じていた。ビニール、プラスチックを使いまくり。荷物が増えるのが嫌だからなんでも旅先で新しく買う。道具をすぐに消耗する。また買う。

モノとの関係を一旦解消してみて、暮らしもリセットした気分になった。1つずつ組み立てていくと、自然と無駄に気がつき、ひとつひとつの道具を大事にするようになった。するとその先、もっとモノの消費・消耗を抑えられるな、と思い至った。ラップは要らない。キッチンペーパーは洗って使えるものにしてみよう。長く付き合いたいなら、フライパンはテフロン加工じゃないほうがいい。

そもそもエコの本質とは、何かを制限したり減らしたりすることではなかった。道具とよりよく付き合うこと、より心地よく暮らしていくこと、その延長線上にあるのがエコロジカルなのだろう。

◎モノがモノを呼んでいた

100日間過ごしてもラップが要らなかったのは、電子レンジがなかったから。ハンガーが要らなかったのも、靴が1足でよかったのも、服が少なかったから。モノはモノを呼ぶようだ。

大量のモノをうまく収納しようとして、まず収納グッズを大量に買った、なんて経験もある。なんとかカバー、なんとかケース、なんとか専用ホルダー、みたいなものをたくさん持っていた。モノはあればあるほど増える、という法則があるのかもしれない。100個で十分だと思えたのはその100個がモノを呼ばなかったからで、もし1000個で生活してみようとしたら（1000個でも十分少ないけれど）、さらに500個が呼ばれていたかもしれない。

モノには引力がある。自分がほしいのか、モノがほしがってるのか、たまに立ち止まって考えてみたい。

◎暮らしはモノでできている？

「暮らしはモノでできている」と「暮らしはモノでできていない」は、どちらも正しいと思う。モノを一旦手放し、何もない部屋で過ごしてみた時、部屋だけじゃなく自分もすっからかんに思えた。身の回りの道具に人生が溶けて染み込んでいて、それらと離れると自分の一部と離れた気になるのだった。道具は尊い。道具を生み出し、使い、ともに生きるというのが人間が人間である所以《ゆえん》だ。

一方で、何もなさに慣れてくると、このままでも生きていける、むしろ身軽でいいや、といった気分もじわじわ湧いてくる。モノの中に私はいない。手ぶらでも私は私だ、というポジティブな開き直り。この感覚に触れると、どっかり生きていけそうな自信が出てくる。シンプルライフを通じて、ふたつの相反する本質に触れた。

◎管理できる数はかなり限られている

ショッピングも何かを集めるのも好きだ。新しいガジェットも、いつ着るのかもどう洗うのかもわからない服もほしくなってしまう。便利な道具ももちろん好きで、キッチンにはなぜか全く同じミキサーがふたつある。60％オフで買った製麺機は一度しか使わなかった。だけどもったいないし、捨て方が不明（調べればすぐわかるのに調べない）なので棚の奥にしまってある。そんなことばっかり。

それらすべてを無駄なものと切り捨てることはしたくない。使わなかったことすら思い出だと思う。だけど現実問題としてはっきりわかったのは、私の管理能力のキャパシティは、私が思っていたよりもかなり小さいということだ。管理能力の限界を超えた数を持ちすぎていると、存在を覚えていることすらできない。

数を絞ってあげるとちゃんと愛せるし、お気に入りの気持ちが持続するということが今回の検証でわかった。多分今後も無駄なものを買ってしまうだろう。でも自分のキャパシティをちゃんと頭の片隅に置いておきたい。急にはできないかもしれないけれど、少しだけ、少しずつ、やってみる。あえて収納が少ない家に住むとか。意志が弱いので、環境で自分を導くほうが合っている。

◎ミニマリストにならなくてもいい

シンプルライフは素晴らしかった。でも、さあこれからミニマリストとして暮らしていこう、とは、今のところ思っていない。ミニマリストはかっこいい。もちろん否定するつもりは全くないし、これからも憧れ続けて、そのエッセンスを日常に取り入れたい。性格としての向き不向きやタイミング、環境など、あらゆる条件がそろった時に人はミニマリストになるのだろう。それこそがあるべき姿とか、モノをたくさん持っていることはよくないとか、そんなことは決してない。

100日間で、色とりどりの暮らしの実感を得た。モノを減らすと決めることより、この実感をひとつひとつ手放さないことのほうが重要だと感じている。なくていいと思うものはこれからゆっくり少しずつ減らしていけばいい。

「ミニマリスト」も「ていねいな暮らし」も、流行とともに「そういう系の人たち」みたいな目で見られることがある。そうやって揶揄《やゆ》されるのはすごく嫌で、ほっといてくれればいいのに、と思う。本質は、やっていることの内容よりも、自分の暮らしの手綱を自分で握っているかどうか、ということなのではないか。

長年の習慣に埋没してしまった感性を掘り起こすために、これまでの暮らしのスタイルとは違うものに取り組んでみたことが、これ以上ないよいきっかけになった。だから、ミニマリストにならなくてもいいと言っておいて真逆のことを主張するようだけれど、ミニマリストになる気がない人でさえ、一度ミニマリスト体験をしてみてもいい気がする。

文庫版おわりに

100日間の冒険にお付き合いいただき、ありがとうございました。チャレンジから約4年が経ち、現在はそこそこモノに囲まれた暮らしをしています。でも、シンプルライフをきっかけに大切にしたいことがクリアになって、忙しくても感性を手放さずに生きられている実感があります。人生の中のたった100日間という短い期間でしたが、いまだに学生時代の運動部の習慣が体に残っているのと同じような感覚で、生活をリセットした時の新鮮さが身に染み付いています。

2021年の単行本刊行以降、ありがたいことに台湾、韓国、中国で本書の翻訳版が発売されました。SNSなどに寄せられた海外からの感想を少しだけ紹介します。

「これは生活指南本ではなく、リアリティーショーだ」

「著者が9日目に本を選んだことには驚いたが、よく考えてみると自分だったら3日目に選んでいたかもしれない」

「シンプルライフとは本来の生きがいを再発見することだと思う」

暮らしの手綱を握りたいという願いや、時間を味わって生きたいという思いに共感していただいているコメントも多かったです。住んでいる場所や文化が違っても、これらは普遍的な生活の祈りなのだと感じました。


最後になりますが、本書に関わってくださったすべての皆さまに感謝を申し上げます。文庫化しましょう！　と言ってくださり常にエネルギッシュに引っ張ってくれた幻冬舎の袖山さん。最高の装画を描いてくださった、コンセプトを芸術に昇華する天才・髙橋あゆみさん。生活の手触りがある挿絵を描いてくださった葉月さん。スタイリッシュで親しみやすい装幀に仕上げてくださったニルソンデザイン事務所の望月さん、片桐さん。望月さんは縄文仲間でもあり、土偶の登場に誰よりも共感してくれました。そして、これが読めただけでこの本を手にした価値があると感じるような、魂を揺さぶる解説を書いてくださったパリッコさん。本書が時間の本であることに注目してもらえたのも嬉しいです。本当にありがとうございました。

この本が、皆さまの豊かな時間を「ふやす」きっかけになれることを願って。

2025年2月　藤岡みなみ

解説

パリッコ

ここ最近ずっと考えていることがある。それは「あっちの時間に行きたい」ということだ。この生活の初期、何もない部屋でスマホもパソコンもなく過ごした長い長い時間。今とは流れる速さがまるで違う。ぐぐぐ、と地球が回る音が聞こえそうだった。1時間が永遠に思えた。窓から虫の合唱と立体的な風が入ってきたあの夜。あの夜のことを何度も思い出す。滑り落ちていく時間じゃなくて、一瞬一瞬の粒の中に立ち止まることができた時間。いつも焦って生き急いでいたけれど、本当は両手に抱えきれないほどの豊かな時間を持っていたんだとわかった。

この一節を読んだ瞬間、僕がここ数年なんとなく考え続け、追い求めていた答えが、ここに書いてある！　と思った。長年出会いたかった言葉にやっとめぐり会えたことに、とても感動した。そうだ、僕はずっと「あっちの時間」に行きたかったんだ。

本書は、実話を基にした映画『１００日間のシンプルライフ』に感銘を受けた藤岡さんが、実際にそのチャレンジを実行してしまうという日々を記録したもの。そのために家とは別に、真っ白でなにもない部屋を借り、電気、ガス、水道、食料、最低限の衣類などのライフラインだけを初期装備に、「1日にひとつだけものを増やしていい」というルールのもと、暮らしはじめる。

映画を見れば誰もが「一度はこんな生活をしてみたいな」とか「自分ならどんなものを選ぶだろう?」と考えるだろう。また、チャレンジを始めた２０２０年は、コロナの影響で生活様式が大きく変わり、大好きな旅行にも行けないという、ある意味でちょうど良いタイミングでもあったと言える。藤岡さんは文筆家だから、その生活を発信することができるという要素も大きかったのかもしれない。

だからと言って、本当に実行してしまうだろうか？　情報過多の現代社会において、なにひとつ娯楽要素のない空間にたった1日でもいることは、多くの人にとっては苦行だろう。その思い切った決断の原動力は、人並外れた好奇心や探究心なんだろうけど、それにしたって、藤岡さんはぶっ飛んでる。

当然ながらその生活は発見の連続で、読者はそれをありがたくも疑似体験させてもらうことになる。次はなにを選ぶのか？　するとどんな変化が訪れるのか？　こんなにもページをめくるごとにわくわくできる本も珍しい。


1日目に選ばれたアイテムは敷布団。それがなければたった半日も部屋で過ごすことができないなんて考えたこともなかったけれど、想像してみれば確かにそうだ。っていうか人間、生物として弱すぎないか……。

靴がなければ出かけることもできないこと。しゃもじや箸がなければ、鍋から湯気を上げる炊きたてのごはんを指をくわえて眺めることしかできないこと。対する自分の生活環境がどれだけ便利で恵まれたものであるかをいちいち実感させられる。

日々の生活が変化してゆく興味深さだけでなく、藤岡さんご自身のお気に入りアイテムをたびたび知れることも、個人的に嬉しいポイントだった。そりゃあ、ひとりの人間が膨大な持ちもののなかからたった100個を選ぶのだから、純粋な良品が厳選されるのは当然だ。

カードゲームの「ナンジャモンジャ」はさっそく買って、以来我が家の定番となった。当時保育園児だった娘と毎回大笑いし、家族の思い出を増やしてもらえて感謝している。

塩が味つけのメインだというレシピ本『スープ・レッスン』の考えかたにも感銘を受けた。それまでなんの疑いもなくコンソメや鶏がらスープの素を入れて作っていた煮込み料理。スーパーで鶏の手羽元が安く手に入ったある日、冷蔵庫にあった残りものの野菜たちと一緒に鍋で煮込み、ちょっといい塩を加えてみただけで、あまりにも豊かな味わいのスープになって驚いた。何気なく入れたセロリの香りがとりわけ印象的で、そうか、セロリってこんなに複雑で深い味わいだったんだ、と、あらためて実感したり。

藤岡さんが、はっきりと味が変わり、単なるもやし炒めでさえごちそうになると言う鉄フライパン。これもずっと、いつかは欲しいと思っていたものだった。手入れの手間はほんの少しかかるけれど、テフロン加工のもののように数年で買い替えなければいけない消耗品ではなく、一生の相棒となりえる。背中を押されてついに買ってみたら、すでに手放せない一品となっている。

はるか昔に100均でそろえた食器を、惰性でずっと使い続けているという人は多いだろう。そういう食器ほど、なぜか壊れないものだ。ただ本書を読むと、そんな日用品に関してのスタンスについてもまた、一度原点に立ち戻って考えさせられる。もちろん、100均の食器をとても気に入っているのならばいい。けれども、自分がどうしても欲しくて奮発して買ったものとか、友達が自分のために選んでプレゼントしてくれたものとか、大切な思い入れのある少しの食器。もったいなくて使わないのではなくて、そういう精鋭たちと暮らす日々こそが、食事の喜びを増してくれるのだと気づかせてもらえた。平皿、グラス、スープボウル、お茶碗と、お気に入りの食器を手に入れるたび、如実に生活が豊かになっていく様を見ていると、こちらまで嬉しくなってしまう。ついにワイングラスを手に入れた日の様子を読んだ時は、思わずこちらまで一緒に祝杯をあげたい気分になってしまった。

と、ここまでは本書の、わりと実用的な面についての感想。それだけでも大変な価値のある本だ。が、冒頭に書いた「あっちの時間」については、僕にとってさらなる衝撃だった。

100日間のチャレンジ生活を終え、ついに日常系タイムトラベラーになってしまった藤岡さんは、この世には「暮らしの相対性理論」があると語る。そうか！ と膝を打った。

いわく、時間は主観で伸び縮みする。嫌な仕事をする1時間と、続きが気になってしかたない小説を夢中で読む1時間、その体感時間がどれほど違うかは、誰もが知るところだろう。不思議なのは、あとからふり返ってみると、永遠に終わらないと思われた前者より、あっという間だった後者のほうが、時間の密度が濃く、ずっと長いものに感じられたりすることだ。

僕の例で言えば、特に仕事が楽しいとは思えないけれど、生活のために必要と信じて会社員をしていた前職の12年間より、思いきってフリーランスになり、好きなお酒のことばかりを書く専門のライターになってからの6年間のほうが、ずっとずっと濃密に感じられる。

あまりにも似た経験をしていて思わず笑った場面もあった。20日目に手に入れた、イヤホン。藤岡さんは受験生だった中学時代、30分集中したら1曲だけ好きな曲を聴いていいと決め、ベランダに出て聴くことを自分へのごほうびとしていたそうだ。僕は学生時代も今と変わらずだらしない性格で、テスト前は必ず一夜漬けで勉強をしていた。朝5時くらいに空が白みだしてくると、もう、いいだろ……という気持ちでベランダに出、ポータブルCDプレイヤーで、電気グルーヴの「虹」という曲をよく聴いていた。反復するビートと電子音に、美しいメロディーのヴォーカルが少しだけのる、10分間ほどの曲。それをしみじみと心身に吸収するように聴くのは、なんとも言えない幸せな時間だった。そして、あの10分間は今でも確実に、自分の人生のなかの何分の一かを占めている。

僕は基本的に、人生なんてひとときのヒマつぶしだと思って生きている。けれども、どうせヒマつぶしならば、つまらない時間より心地いい時間が長いほうがいいに決まっている。だからこそ、その仕組みを知りたかった。攻略法があるならば知りたかった。100日間の特殊な生活を経て、どうやら藤岡さんは、その真理の一端にふれてしまったようだ。

ここ十数年ほどの人々の生活をあまりにも変えてしまったものは、言うまでもなくスマホだ。明日に備えて早く寝なければいけない夜も、なんだか妙に早く目が覚めてしまった朝も、枕元にあるスマホを手に取ったら最後。だらだらとSNSを眺め、気づけば1時間2時間と、あとで必ず後悔する時間を無益に浪費してしまう。トイレに行くときも風呂に入るときも肌身離さず、家に忘れて出かけてしまったなんて日があれば、まるで体の一部を失ったかのような喪失感を覚える。完全なる依存。便利な一方で、確実に大きななにかを奪われているとしか思えない。

僕が高校生だった約30年前、当時流行中だったポケベルを初めて手に入れ、大興奮した。友達になんてことのないメッセージを送ったり、「○時に○○の前で」とだけ待ち合わせの約束をし、寝坊したそいつを延々と待つなんてことをしなくてよくなった。まさに革命。ただし、家や公衆電話からわざわざ電話代をかけ、送信できる情報量は、わずかカタカナ12文字。それに比べたら現代の生活は、いくらなんでも情報過多すぎる。人類が変化に追いつけるレベルを超えている。早急な対策をしないと、いろいろどうにかなってしまいそうで、不安でしかたない。

近年の僕は、そのヒントをほんの少しずつではあるけれど、つかみはじめていた感覚がある。たとえば、チェアリング。チェアリングとは、僕と飲み友達のスズキナオさんで面白半分に始めた、もっとも手軽なアウトドアアクティビティのことだ。具体的には、折り畳み式のアウトドアチェアを持って、広い公園や大きな水辺のあるエリアなどに出かけてゆく。人様の迷惑にならない良さそうな場所を見つけたらそこに椅子を置き、しばしそこでくつろぐだけ。僕は酒が好きだから、ゆっくり缶チューハイを飲んだりしながら楽しむことが多いけれど、どう過ごすもその人の自由。

　おもしろいのは、椅子を広げて座った瞬間、他人の目などはまったく気にならなくなり、完全にひとりの世界に没入してしまうことだ。視界の先に広がるのは、ゆらゆらと常に動き続け、時に波紋が広がる水面。空は刻一刻と表情を変え、聞こえてくるのは鳥の声や木々のざわめきだけ。しかも、その情報量が実はものすごく多くて、世界ってこんなにも豊かだったんだ！　と、飽きることなく数時間が過ぎてしまったりする。一度、ポータブルスピーカーから好きな音楽を流してみたこともあったけれど、完全に蛇足だった。自然音だけで、もうじゅうぶんすぎるのだ。

それってベンチに座るのとなにが違うの？　と思う方もいるかもしれないが、これはっかりはやってみないと伝わらないとしか言えない。もちろん僕は、公園のベンチで過ごす時間も好きなんだけど、座り心地や、自分で選び、切り取った風景であるという要素が、なんらかのポイントであるような気がする。

藤岡さんは、家具や道具がなにもない空間で過ごす時間を「瞑想に似ている気がする」と言っている。「目を瞑《つぶ》らなくても、精神統一しようと思わなくても、そこにいるだけで瞑想っぽい感覚になってくる」と。世の中の成功者の多くに瞑想の習慣があると知り、僕もその真似事をしてみたことがある。が、才能及び集中力があまりにも乏しいようで、早々にあきらめた。そんな僕でも、チェアリングをしている時間は、まったく雑念がわかず、意識がどんどんクリアになっていくことを実感する。そして、そういう〝裏技〟が、どうやらこの世にはいくつも存在するらしい。

本書を読んでいると、ふとよみがえってくる記憶がたくさんあった。小学生時代、自室で本を読んでいた長くて静かな時間。友達数人とキャンプに行ってひとりだけ早く目が覚め、散歩に出て吸いこんだ、雨上がりの山の香り。まだ娘が幼児だったころ、毎朝こつことことおかゆを炊き、ぼーっと眺めていた湯気のゆらめき。どれも大きな出来事ではないけれど、ただ過ぎていってしまったものとは違う、ぐっと密度の濃い時間だった気がする。

藤岡さんはこの生活をとおして、時間にまつわる失われた感性を取り戻し、さらには「意図的に伸び縮みさせて、時間とたわむれる」域にまで達してしまう。もはや達人だ。ただそういう感覚は、実は同じ人間である我々ならば、本来誰もが持ち合わせているものかもしれないとも思う。そしてそれを取り戻すきっかけは、生活のいたるところに転がっているのかも、とも。

僕のなかですでに指導者となってしまった藤岡さんは、週末だけのデジタルデトックスや、極力持ちものを減らしてホテルに泊まるなどの、すぐに実践できる方法も提唱してくれている。しかし思う。そのもっとも手軽で効率的な方法は「本書を読む」

ことであると。それだけでも、明確に時間やものに対する感覚が変わった実感があるから。

ところで最後に、念のため伝えておきたい。それは、スマホはなにも、人類の敵ではないということ。

電車の乗り換えアプリによって、人生のどれだけの時間を効率的に使えるか。目下子育て中の僕にとって、子育てとは〝常に忘れてゆく日々〟でもあるわけだけど、ふとランダムに3年前の娘の写真を表示してくれたりする機能などは、記憶の強制拡張とも言える。だらだらとSNSを眺める時間を悪のように書いてしまったが、仕事の合間の少しのだらだらには「サイバーローフィング」という名がついていて、むしろ作業効率を上げる効果があるとも聞く。スマホにイヤホンを無線接続し、街なかで歩きながら誰かと通話している人を見かけることは珍しくなくなった。あれなんかもう、ほとんどテレパシー。人類は気づかないうちに、一段階進化してしまったのだ。

そういう恩恵は大いに受けつつ、しかし自由自在に「あっちの時間」にも行けるようになれば、はっきり言って最強だ。人類の進化のこれまでとこれからを、もしかしたらうっかり、しかし壮大につないでしまった藤岡さんは、やっぱりぶっ飛んでる。

——酒場ライター

この作品は二〇二一年十二月かんき出版より刊行された『ふやすミニマリスト　1日1つだけモノを増やす生活を100日間してわかった100のこと』の副題を変更したものです。

幻冬舎文庫

●最新刊
見つけたいのは、光。
飛鳥井千砂

ワンオペ育児中の亜希、マタハラを訴えられ絶望している茗子、二児のシングルマザーの三津子。三人は匿名でコメントしていたブログの炎上をきっかけに出会い、女同士本音のバトルが始まった。

●最新刊
今夜はジビエ
小川　糸

朝は鳥の声を聴きながら愛犬・ゆりねと森をお散歩。昼間は庭にハーブや野菜を植え、夜は薪ストーブの前でワインを楽しみながら、音楽を聴く。山小屋での暮らしを綴った日記エッセイ。

●最新刊
カニカマ人生論
清水ミチコ

飛騨高山で生まれた気の小さい少女は、大小様々な出会いや経験を積み重ねて武道館に立つまでになる。主婦にして稀代のエンターテイナーの、カラッと笑えてなんだか沁みる、自伝エッセイ。

●最新刊
泣いてちゃごはんに遅れるよ
寿木けい

笑顔と涙、頑固と寛容、面倒と小さな喜び──。まとまらない考えも俎板にのせ、台所で手を動かせば新しい道筋が見えてくる。見逃したくない小さな景色を書き留めた二十七篇。

●最新刊
吹上奇譚　第四話　ミモザ
吉本ばなな

吹上町に、赤ちゃんが生まれた。名はミモザ。母親は除霊師の美鈴。幼いころ虐待を受け「幸せが怖い」と感じる美鈴は、出産を機にしゃべれるようになり、友人のミミは美鈴を静かに見守ることに。

幻冬舎文庫

●好評既刊
メガバンク無限戦争
頭取・二瓶正平
波多野　聖

真面目さと優しさを武器に、専務にまで上り詰めた二瓶正平。だが突如、頭取に告げられたのは、無期限の休職処分だった。意気消沈した二瓶だったが……。「メガバンク」シリーズ最終巻！

●好評既刊
ママはきみを殺したかもしれない
樋口美沙緒

手にかけたはずの息子が、目の前に――。今度こそ、私は絶対に〝いいママ〟になる。あの日仕事を選んでしまった後悔、報われない愛、亡き母の呪縛。「母と子」を描く、息もつかせぬ衝撃作。

●好評既刊
できないことは、がんばらない
pha

「会話がわからない」「何も決められない」「今についていけない」――。でも、この「できなさ」こそ、自分らしさだ。不器用な自分を愛し、できないままで生きていこう。

●好評既刊
三流シェフ
三國清三

北海道・増毛での極貧の幼少期。鍋を磨き続けた二年と欧州修業。一文無しでの開業とバッシング、そしてミシュランとの決別――。三國シェフの仕事の流儀と人生の本質が凝縮された衝撃の自伝。

●好評既刊
残照の頂
続・山女日記
湊　かなえ

「ここは、再生の場所――」。日々の思いを噛み締めながら、一歩一歩山を登る女たち。山頂から見える景色は過去を肯定し、これから行くべき道を教えてくれる。山々を舞台にした、感動連作。

ふやすミニマリスト

所持品《しょじひん》ゼロから、1日《にち》1つだけモノをふやす生活《せいかつ》

藤岡《ふじおか》みなみ

令和7年2月10日　初版発行

発行人――石原正康
編集人――高部真人
発行所――株式会社幻冬舎
〒151-0051東京都渋谷区千駄ヶ谷4-9-7
電話　03(5411)6222(営業)
　　　03(5411)6211(編集)
公式HP　https://www.gentosha.co.jp/
印刷・製本―錦明印刷株式会社
装丁者――高橋雅之

幻冬舎文庫

ISBN978-4-344-43455-4　C0195　ふ-41-1

この本に関するご意見・ご感想は、下記アンケートフォームからお寄せください。
https://www.gentosha.co.jp/e/